5ª edición: diciembre 2021

Título original: EL ARTE DEL LETTERING
Diseño e ilustración de portada: © Happy Letters
Maquetación y diseño de interior: © Happy Letters

© de la edición original:
Happy Letters

© de la presente edición:
EDITORIAL SIRIO, S.A.
C/ Rosa de los Vientos, 64
Pol. Ind. El Viso
29006-Málaga
España

www.editorialsirio.com
sirio@editorialsirio.com

I.S.B.N.: 978-84-17030-97-1
Depósito Legal: MA-352-2018

Impreso en Imagraf Impresores, S.A.
C/ Nabucco, 14 D - Pol. Alameda
29006 - Málaga

Impreso en España.

Puedes seguirnos en Facebook, Twitter, YouTube e Instagram.

Cualquier forma de reproducción, distribución, comunicación pública o transformación de esta obra solo puede ser realizada con la autorización de sus titulares, salvo excepción prevista por la ley. Dirijase a CEDRO (Centro Español de Derechos Reprográficos, www.cedro.org) si necesita fotocopiar o escanear algún fragmento de esta obra. (Queda autorizado el fotocopiado de las guías de este libro -páginas 109, 115, 116, 117 y 118-)

 El papel utilizado para la impresión de este libro está **libre de cloro** elemental (ECF) y su procedencia está certificada por una entidad independiente, no gubernamental, que promueve la sostenibilidad de los bosques.

HAPPY letters

El ARTE del Lettering

Editorial SIRIO

índice

¡hola! 9

1 Para empezar...

* ¿Qué es el lettering? 12
* ¿Cuáles son sus usos? 14
* Diferencias entre tipografía, caligrafía y lettering 16
* Conceptos básicos 20
* La práctica es la clave 24

2 Materiales

* ¿Qué necesitamos? 28
* Otras herramientas 34

3 Letras "Serif" y "Sans-Serif"

* ¿Qué son? 38
* Practica la base del alfabeto 41
* Contrastes 54
* Practica diferentes estilos de alfabetos 56
* Ejemplos de composición con letras "Serif" y "Sans-serif" 66
* Crea una composición con letras "Serif" y "Sans-serif" 68

4 Letra Caligráfica

* ¿Qué es? 72
* Trazos básicos 74
* Practica los trazos básicos 75
* Coherencia de trazos 78
* Practica diferentes trazos 80
* Crear palabras 82
* Crea tus palabras 83
* Contrastes 84
* Practica los contrastes 85
* Palabras con movimiento 92
* Practica tus palabras con movimiento 93
* Florituras 94
* Practica las florituras 96

5 Composición

* Cómo crear una composición 100
* Del boceto al diseño final 102
* Recursos decorativos 104
* Practica diferentes opciones de composición 108
* Ejemplos de composición 110

Guías 114

He creado este libro con la ilusión de sembrar en ti la semilla de este fascinante mundo que es el *lettering*. Espero que disfrutes tanto como yo lo he hecho y te sirva de aprendizaje e inspiración.

Las letras están en todas partes: en un cartel del metro, en una caja de galletas, en un letrero de tu ciudad... Eso significa que, sin ser conscientes, estamos rodeados de inspiración. Por eso, a partir de ahora te invito a ser consciente de esta oportunidad y abrir bien los ojos para empaparte de formas y estilos.

Según vayas pasando las páginas y comprendiendo ciertas bases, serás capaz de encontrar y analizar pautas y formas en cualquier tipo de letra que te encuentres. Éste será un ejercicio visual muy importante, que te ayudará a reconocer estilos, analizar trazos, interpretar fallos o realizar descubrimientos sorprendentes.

Te recomiendo sumergirte en este libro sin prisa. Realizar las prácticas en diferentes momentos de tiempo para, de esta forma, aprovechar y ver evolucionar tu ojo crítico. Así, según te vayas enfrentando a diferentes ejercicios, lo harás con una interpretación que desconocías unos días antes. *Despacito y con buena letra* es el lema a seguir para disfrutar de "El arte del *Lettering*".

Y antes de empezar, un último aviso por experiencia: ¡una vez te adentres en este mundo, te será difícil salir! :)

PARA EMPEZAR...

¿Qué es el Lettering?

El *lettering* es el arte de dibujar letras.

Existen tantos estilos de *lettering* como nuestra imaginación o creatividad nos permita concebir. Es un arte totalmente personal, y una **herramienta comunicativa** increíblemente visual y expresiva.

No se trata de escribir, sino de dibujar. El *lettering* consiste en **dotar a las letras de unas formas específicas para crear un mensaje concreto y único.**

Además, y a diferencia de un texto escrito, el *lettering* no tiene por qué mantenerse en unas guías estrictas ni ser uniforme, sino que nos permite jugar con tamaños, alturas, ángulos y formas de letras.

> **nota**
>
> EL *LETTERING* UNE ILUSTRACIÓN Y MENSAJE ESCRITO EN UNA MISMA PIEZA.

- Con ese aire auténtico de las cosas hechas a mano
- Cada trazo se realiza de forma exclusiva
- Requiere de concentración y paciencia
- ¡Es cuestión de gustos!
- Depende de cada persona y estilo
- ... apasionante, relajante... ¡y adictivo!
- no es un texto sino ilustración de letras

IMPERFECTO · LIBRE · ÚNICO · DIVERTIDO · DELICADO · DIBUJO QUE SE LEE · PERSONAL

PARA EMPEZAR...

¿Cuáles son sus usos?

El *lettering* no se realiza únicamente sobre un papel. Podemos dibujar letras sobre cualquier soporte que se nos ocurra: madera, plástico, pizarra, piedra, loza, chapa...

Cada uno de estos soportes requerirá de un material específico (que veremos en el capítulo siguiente), y será importante conocer la técnica a emplear en cada caso.

> *nota*
>
> LOS USOS DEL *LETTERING* SON INFINITOS. PUEDES PLASMARLO EN CUALQUIER SOPORTE QUE TU CREATIVIDAD TE PERMITA.

CONVERTIR CUALQUIER OBJETO Y SUPERFICIE EN ALGO ÚNICO:

Rotulador de pintura acrílica sobre plástico

Rotulador calibrado y de pincel

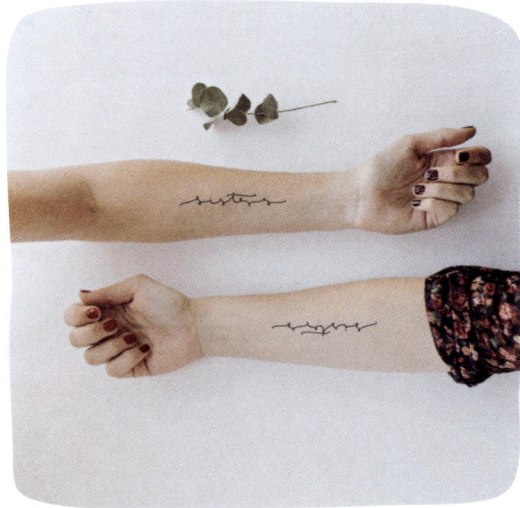

tatuaje

DECORAR EVENTOS ESPECIALES:

Rotulador de pintura acrílica sobre hojas

Pincel con acuarela líquida sobre papel

Pincel con tinta blanca sobre papel

COMUNICAR UN MENSAJE DE FORMA ÚNICA:

Rotulador de pincel y tratamiento a ordenador

DISEÑAR TUS PROPIOS PRODUCTOS:

Rotulador de pincel y serigrafía sobre tela

CREAR UN CUADERNO DE VIAJE:

Rotulador calibrado de diferentes grosores

Diferencias entre...

TIPOGRAFÍA

La tipografía consiste en el diseño de una serie de **caracteres, números y símbolos**, que hoy en día principalmente se **programan para ser utilizados en ordenador.** Es lo que vemos a diario en libros, periódicos, o en estas líneas sin ir más lejos.

La creación de tipografías requiere de programas de diseño específicos. Se trata de crear letras que funcionen en infinitas combinaciones y es un arte extremadamente complejo y preciso.

Caligrafía

La caligrafía significa, literalmente, **"escribir bonito"**. Se realiza con diferentes tipos de materiales (rotulador, pincel, lápiz...) y **de un único trazo**. Esta idea es una de las claves para entender la diferencia con el *lettering*.

Podemos encontrar numerosos estilos de caligrafía (itálica, inglesa, gótica...) cada uno de ellos basado en unos **trazos precisos y unas pautas muy claras.**

Lo cierto es que esta idea de asociar la caligrafía a una disciplina anticuada y costosa ha cambiado en los últimos años. Actualmente este arte se ha reinventado en lo que llamamos la **"caligrafía moderna"**, una nueva vertiente en la que podemos adaptar los trazos y formas de las letras a un arte más libre y experimental (siempre a partir de una base concreta).

 Lettering

Como ya sabemos, y a diferencia de la caligrafía, el *lettering* no consiste en escribir sino en **dibujar letras.** Esta práctica no se realiza de una única vez ni de un sólo trazo, sino que podemos retocar, borrar, añadir capas y mejorar nuestras letras tanto como creamos necesario.

Las letras, palabras o frases en el caso del *lettering* se dibujan y personalizan por completo en una **combinación de letras que crea una pieza única.**

TIPOGRAFÍA TIPOGRAFÍA

tipografía

Tipografía **Tipografía**

TIPOGRAFÍA TIPOGRAFÍA

TIPOGRAFÍA *TIPO GRAFÍA*

Tipografía *¡Tipografía!*

T·I·P·O·G·R·A·F·Í·A

Tipografía Tipografía TIPO-GRAFÍA

TIPO-GRAFÍA **Tipografía**

Tipografía Tipo-grafía TIPOGRAFÍA

TIPO **Tipografía** TIPO GRA FÍA

Tipografía TIPOGRAFÍA

El Arte del Lettering

17

PARA EMPEZAR...

caligrafía *caligrafía* *caligrafía* *caligrafía* *caligrafía* *caligrafía* *caligrafía* *caligrafía* **caligrafía** *caligrafía* *caligrafía* *caligrafía* *caligrafía* *caligrafía* *caligrafía* *caligrafía* *caligrafía* *caligrafía* *caligrafía* *caligrafía* *caligrafía* *caligrafía* *caligrafía* *caligrafía* *caligrafía*

El Arte del Lettering

19

PARA EMPEZAR...

Conceptos básicos

La teoría tipográfica es ardua y extensa. En este libro no vamos a profundizar en conceptos muy complejos, pero sí que necesitamos aprender una serie de **términos importantes** para poder referirnos a las partes de las letras de forma correcta.

Te interesará conocer la **anatomía básica de la letra** y así poder pasar de usar expresiones como "el palo" o "esa bola al final de la letra", a nombrar "el asta" o "la terminal" de las mismas.

> **nota**
>
> PARA SER CAPAZ DE DIBUJAR LETRAS ES NECESARIO COMPRENDER CÓMO SE FORMAN Y COMPONEN.

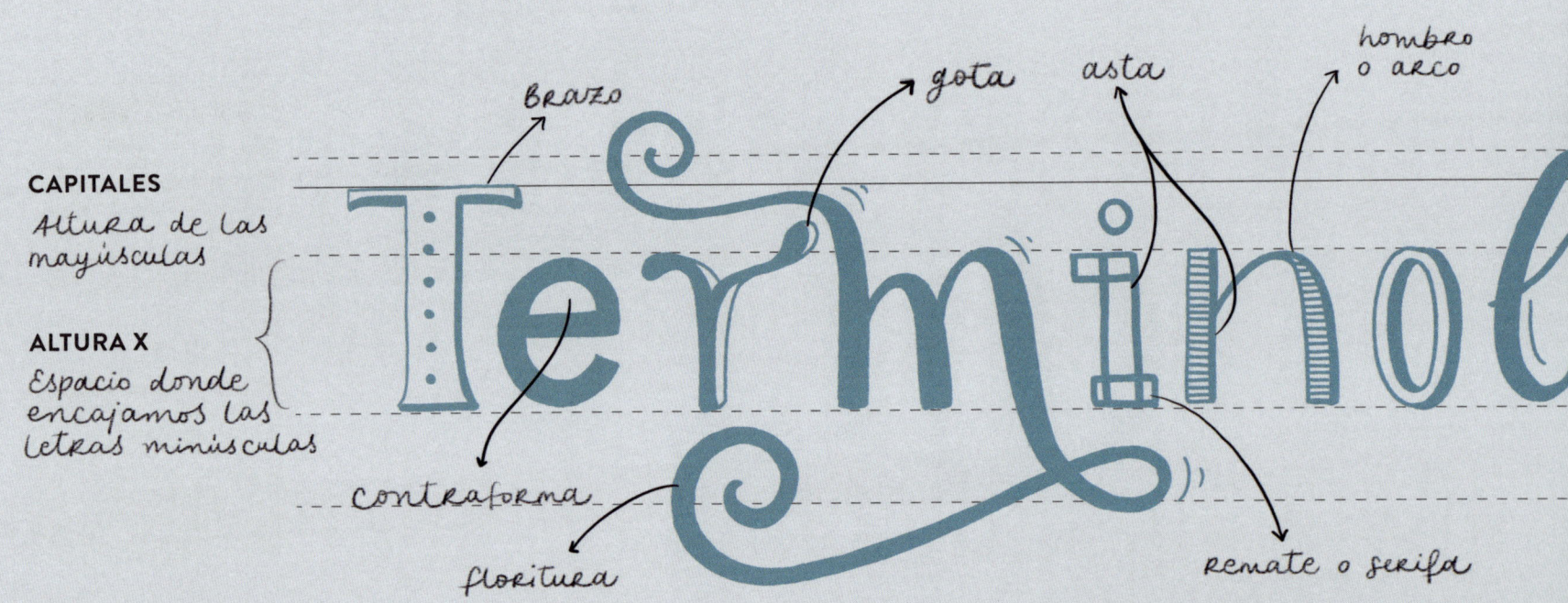

CAPITALES
Altura de las mayúsculas

ALTURA X
Espacio donde encajamos las letras minúsculas

* **ASTA**
Rasgo principal de la letra que define su forma.

* **BARRA O ASTA TRANSVERSAL**
Línea horizontal que cruza verticales, diagonales o curvas. [A, H, t...]

* **BRAZO**
Trazo horizontal o diagonal que surge de un asta vertical. [E, T, Y...]

* **BUCLE o PANZA**
Trazo curvo que encierra una contraforma. [d, p, q...]

* **CONTRAFORMA**
Espacio interno de una letra, total o parcialmente encerrado. [b, e, m...]

* **CONTRASTE**
Transición entre trazo grueso y fino, y viceversa.

* **GOTA**
Trazo que termina en una forma redondeada.

* **HOMBRO o ARCO**
Trazo curvo que sale del asta principal de algunas letras sin acabar cerrándose. [h, n]

* **REMATE o SERIFA**
Terminación de un asta o brazo.

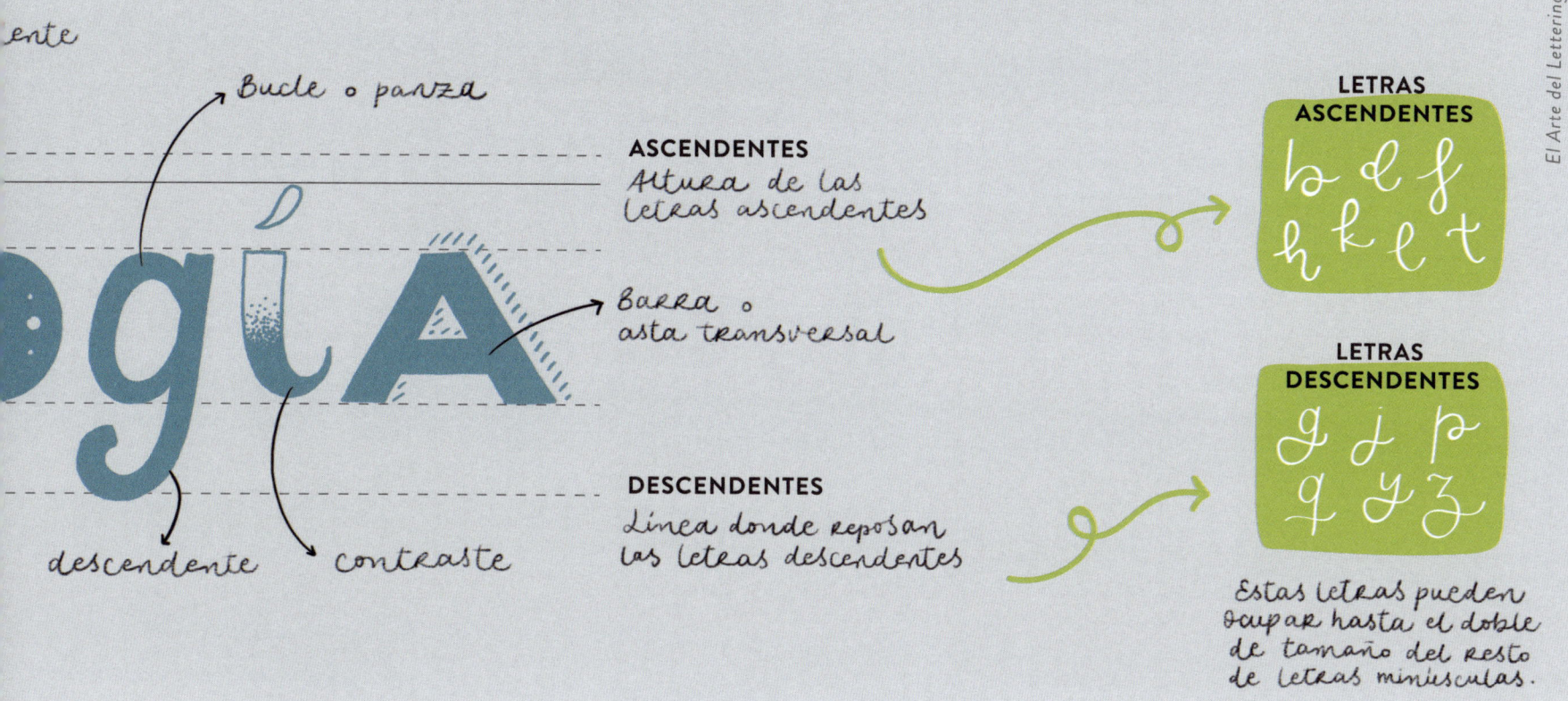

PARA EMPEZAR...

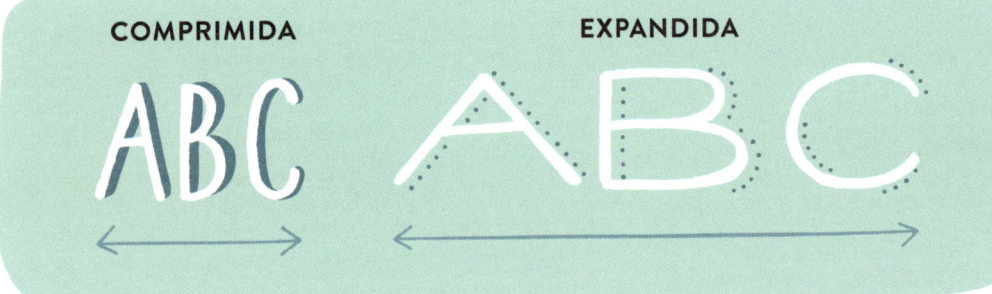

COMPRIMIDA — ABC

EXPANDIDA — ABC

SIN CONTRASTE — abc

CON CONTRASTE — abc

Trazos con diferentes grosores, que aplicamos en función de la dirección en la que se realizan.

SANS-SERIF ABC vs. **SERIF** ABC

Detalles adicionales en la terminación de los trazos.

ESTÁTICAS abc × **CON MOVIMIENTO** abc

RECURSOS DECORATIVOS ABC

Existen infinitos recursos decorativos. Veremos algunos ejemplos en el último capítulo.

LIGADURAS th

Unión de 2 o más letras mediante un trazo.

AMPERSAND

BANDEROLAS

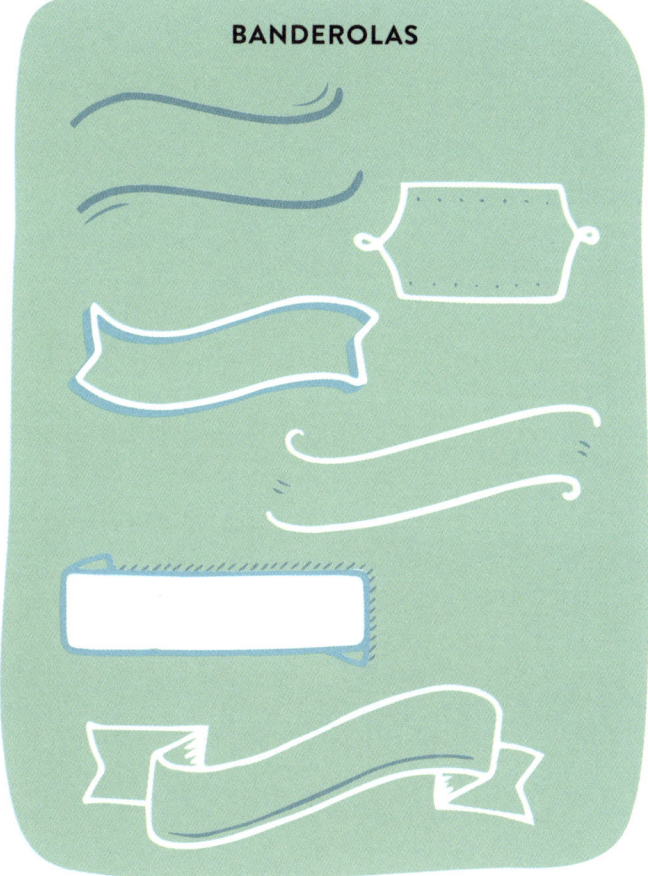

FLORITURAS

SIGNOS DE PUNTUACIÓN

La práctica es la clave

Como la mayoría de trabajos artísticos y manuales, **el *lettering* requiere de mucha práctica.** Lo normal es que al principio resulte frustrante, más ahora que tenemos a la vista infinidad de artistas con trazos y estilos de letras maravillosos. Lo normal es caer en comparaciones y tener prisa por alcanzar ese nivel. Por mi propia experiencia puedo decirte que para llegar a un estilo del que te sientas orgulloso tienen que pasar muchas horas de trabajo.

Pero como parte positiva te diré que **si le dedicas tiempo, verás resultados muy pronto.** Empezarás a reconocer tus propios fallos, a mejorar tus trazos, corregir curvas, abrir espacios... En definitiva, en poco tiempo podrás **definir y aplicar las reglas de tu propio *lettering*.**

Por eso, lo interesante en este punto inicial será dedicarle tiempo a la parte de bocetado a lápiz (la más importante para definir tu diseño). Probar opciones, borrar y volver a empezar.

Sin prisa, **aprendiendo a disfrutar del proceso.**

nota

LA PACIENCIA ES OTRA PALABRA CLAVE PARA EL DIBUJO DE LETRAS. NADA QUE HAGAMOS DE FORMA PRECIPITADA PODRÁ FUNCIONAR.

La Práctica hace la Perfección

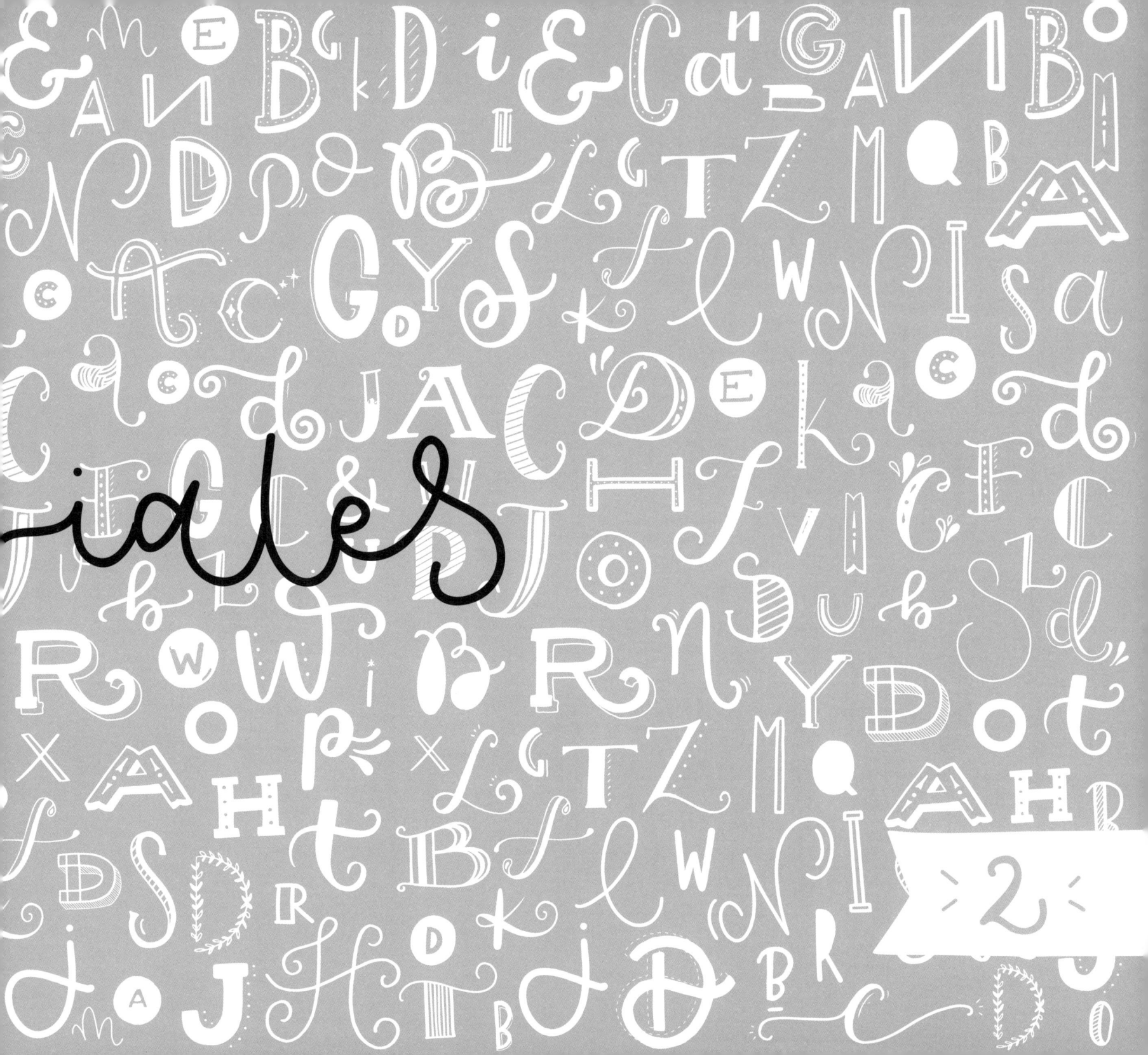

MATERIALES

¿Qué necesitamos?

El material para empezar a dibujar letras puedes encontrarlo en cualquier papelería y sin necesidad de hacer una gran inversión. ¡Lo único que te hace falta realmente para empezar es **un papel, un lápiz y una goma de borrar!**

Es importante que tu mesa de trabajo sea una **superficie plana.** Si no es el caso, necesitarás una **base firme y regular** (ya sea un libro o un pequeño montón de hojas) sobre la que apoyarte.

Además, te recomiendo colocarte en un **espacio cómodo,** donde te sientas a gusto y puedas mover tus brazos libremente. Si te encuentras incómodo o encajado será más difícil ver fluir las formas de tus letras.

En este capítulo veremos los materiales más interesantes, su función y ventajas, y te indicaré algunas marcas de referencia.

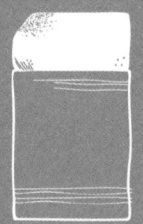

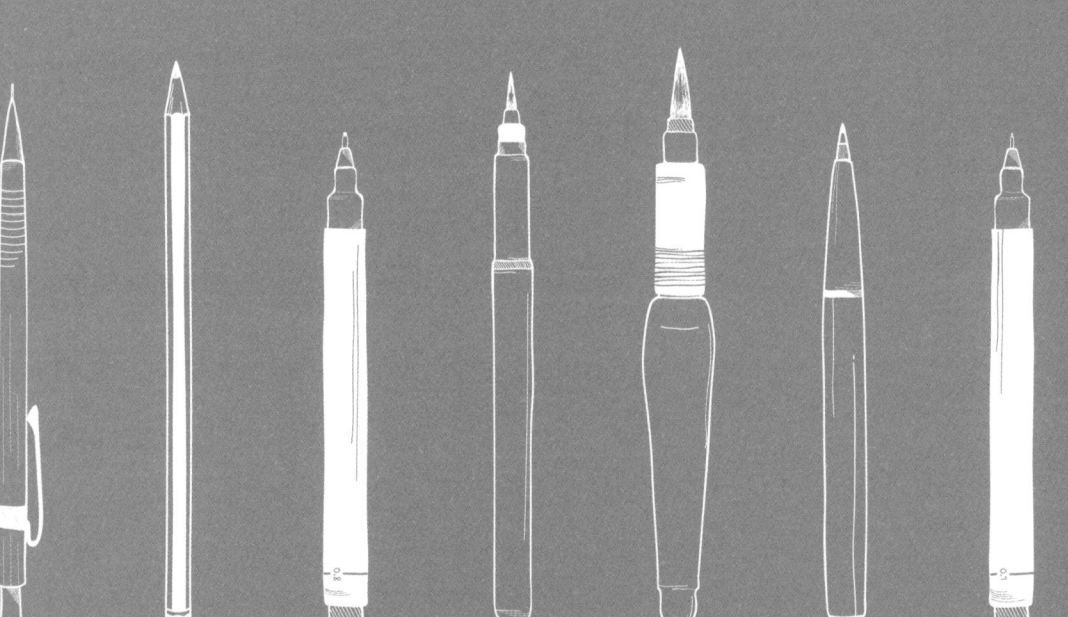

Lápiz

El lápiz es una herramienta básica y necesaria para el dibujo de letras. Nos permitirá equivocarnos (algo muy importante a la hora de practicar *lettering*) y tener la posibilidad de **mejorar, corregir y ver evolucionar las formas de nuestras letras.**

Lo interesante será probar lápices de **diferentes durezas** hasta encontrar el que te resulte más cómodo. Personalmente recomiendo utilizar un lápiz **HB / 2H** para poder realizar los primeros trazos de tu boceto de forma sutil y poder borrar fácilmente cuando lo necesites.

Como veremos, el *lettering* consistirá en capas y capas de retoques y trazos por mejorar, por lo que **nuestro primer boceto nunca será el definitivo.** Por eso, lo ideal es utilizar un lápiz que deje una mancha que cubra lo menos posible.

nota

H DE "HARD": LÁPIZ DURO, QUE DEJA POCA HUELLA EN EL PAPEL.

B DE "BLACK": LÁPIZ BLANDO, CON EL QUE SE CONSIGUE UN NEGRO MÁS INTENSO.

H: Recomendado para los primeros bocetos

Si lo prefieres, también puedes usar un portaminas

MATERIALES

ROTULADOR
·C·A·L·I·B·R·A·D·O·

El rotulador calibrado es otra de las herramientas necesarias para dibujar letras. En un siguiente paso al lápiz, su función será **siluetear, rellenar, repasar y decorar** las formas de nuestro *lettering*.

Será interesante utilizar rotuladores de **diferentes tipos de grosor.** Podemos encontrar rotuladores calibrados desde 0,01 mm hasta 1,5 cm. Te recomiendo hacerte con dos o tres medidas diferentes, por ejemplo 0,2 a 0,4 mm (para siluetear y añadir detalles) y 0,8 a 1 mm (para rellenar y sombrear).

Estos rotuladores secan rápido, son permanentes y a base de alcohol, por lo que pueden utilizarse en **superficies porosas** como papel, madera, loza o tela (aunque para este último material existen rotuladores especiales).

Existen además rotuladores de **pintura acrílica** (que incluyen color blanco y metalizados), ideales para trabajar sobre **superficies plásticas y no porosas** como metal o vidrio.

> *nota*
> **ESTOS ROTULADORES SON LOS QUE NECESITAS PARA SEGUIR LOS EJERCICIOS QUE SE PROPONEN EN ESTE LIBRO.**

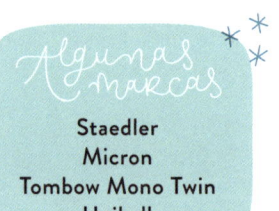

Algunas marcas
Staedler
Micron
Tombow Mono Twin
Uniball

utiliza una punta más fina para siluetear y añadir recursos decorativos

y otro más grueso para rellenar y hacer sombreado

Rotulador de pincel

Los **rotuladores de pincel** se caracterizan por tener una **punta flexible** que permite realizar **trazos con contraste** de forma automática (por presión). Por trazos con contraste entendemos un trazo grueso que se convierte en fino y viceversa.

Podemos encontrar diferentes grosores de punta, en general **catalogados como finos, medios o gruesos.** Habrá que utilizar cada uno de estos grosores para crear diferentes tamaños de letras que pueden ir desde 1 cm (rotulador de pincel fino), hasta 3 cm (rotulador de pincel grueso). Además, el trazo grueso que generemos variará considerablemente en función del rotulador que escojamos.

La mayoría de estos rotuladores son **a base de agua,** lo que nos permitirá realizar **mezclas de color y degradados**. En este caso será necesario un papel de acuarela o un papel con cierto gramaje para que la tinta no traspase.

No es una herramienta sencilla ya que requiere de mucha práctica, además de una postura de mano y sujeción de rotulador precisa, y control para conseguir generar esos diferentes grosores de trazo.

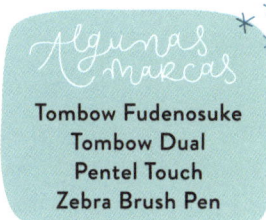

Algunas marcas

Tombow Fudenosuke
Tombow Dual
Pentel Touch
Zebra Brush Pen

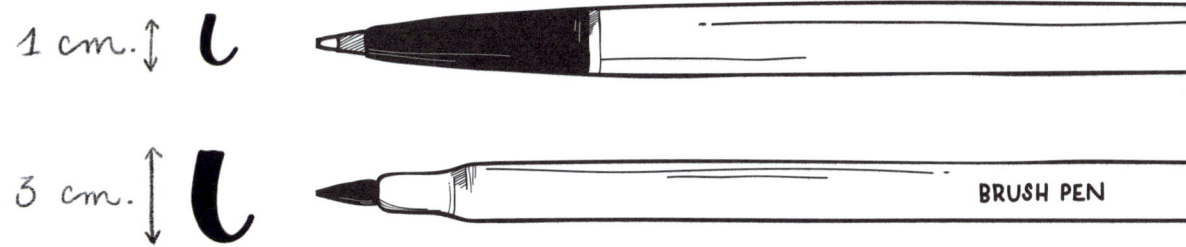

MATERIALES

La teoría del **pincel** es la misma que la del rotulador, pero esta herramienta cuenta con la particularidad de permitir jugar con **colores, texturas y degradados** de una forma más especializada. Para dibujar letras con pincel podemos usar distintos tipos de pigmento, como **acuarela, tinta china o pintura acrílica,** y en todos los casos podremos crear trazos gruesos o finos en función de la presión que ejerzamos.

Puedes encontrarlos de **pelo natural o sintético.** Estos últimos son más económicos y suelen ser más cómodos y fáciles de controlar.

Esta herramienta de dibujo habrá que utilizarla siempre con un papel especial para acuarela.

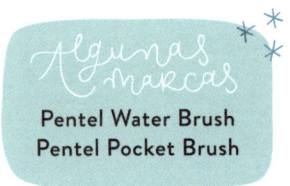

Algunas marcas
Pentel Water Brush
Pentel Pocket Brush

La punta flexible del rotulador de pincel puede ser de fieltro o silicona, mientras que el pincel se compone de cerdas.

TIZA

La tiza es una herramienta interesante ya que, al igual que el lápiz, nos permite borrar nuestro *lettering* todas las veces que sean necesarias. Además, a esto se le añade lo atractivo de su **efecto irregular** y lo llamativo del blanco sobre negro.

Con este material es común acompañar el *lettering* de dibujos y recursos decorativos, y resulta interesante para comunicar mensajes efímeros y reutilizar el soporte (pizarra) pasado un tiempo.

Es cierto que no es una herramienta sencilla de usar por su ligereza y tacto. Por eso, existe también la opción de utilizar **rotuladores de tiza líquida borrable**.

nota
ES COMÚN UTILIZARLO PARA COMUNICAR MENSAJES CONCRETOS Y EFÍMEROS YA QUE SE APLICA SOBRE UNA SUPERFICIE REUTILIZABLE.

MATERIALES

EL PAPEL

Para comenzar a practicar podemos utilizar cualquier tipo de papel.

Según vayamos adquiriendo experiencia, podremos percibir la diferencia entre gramajes y texturas de papel, y quedarnos con nuestro favorito.

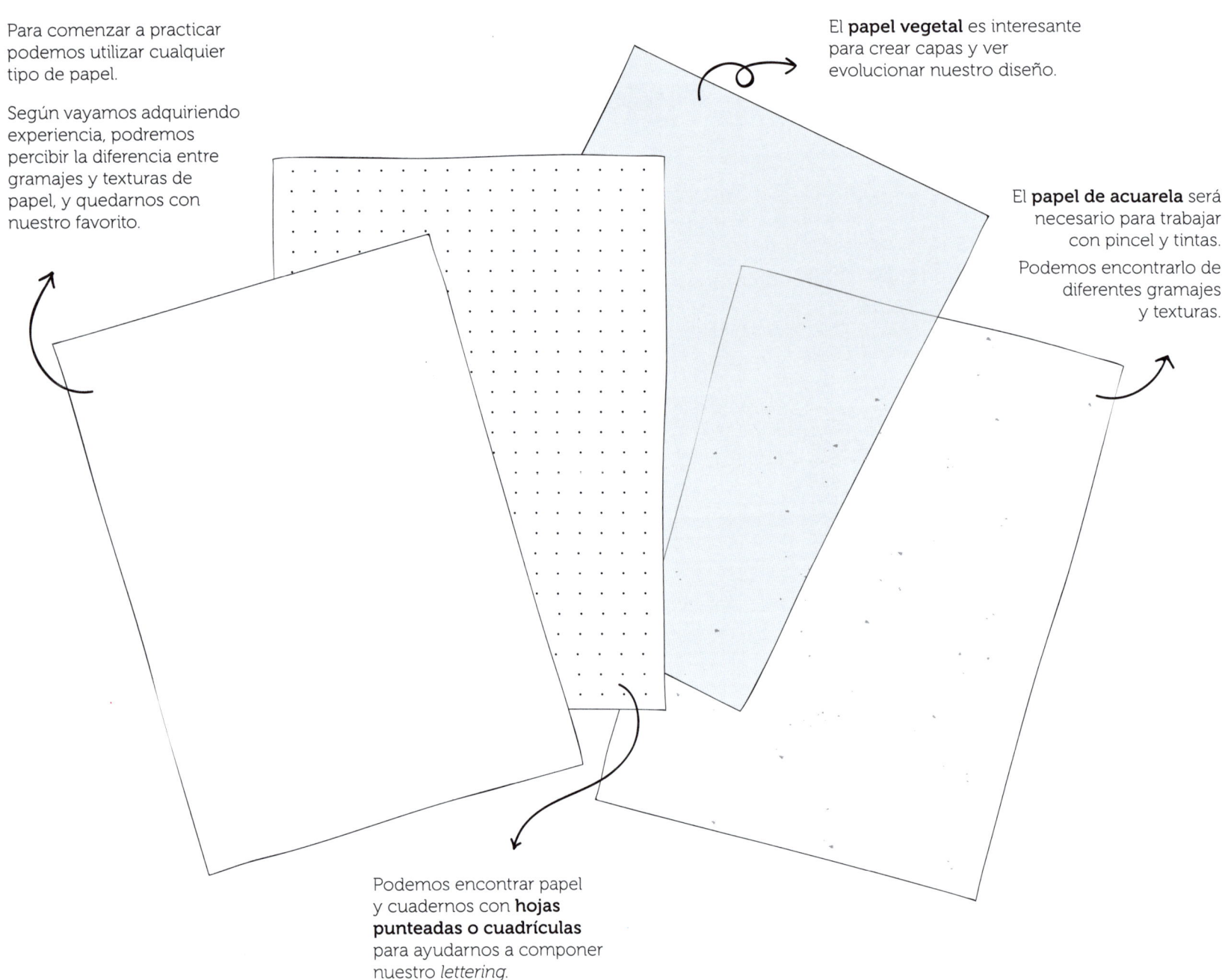

El **papel vegetal** es interesante para crear capas y ver evolucionar nuestro diseño.

El **papel de acuarela** será necesario para trabajar con pincel y tintas. Podemos encontrarlo de diferentes gramajes y texturas.

Podemos encontrar papel y cuadernos con **hojas punteadas o cuadrículas** para ayudarnos a componer nuestro *lettering*.

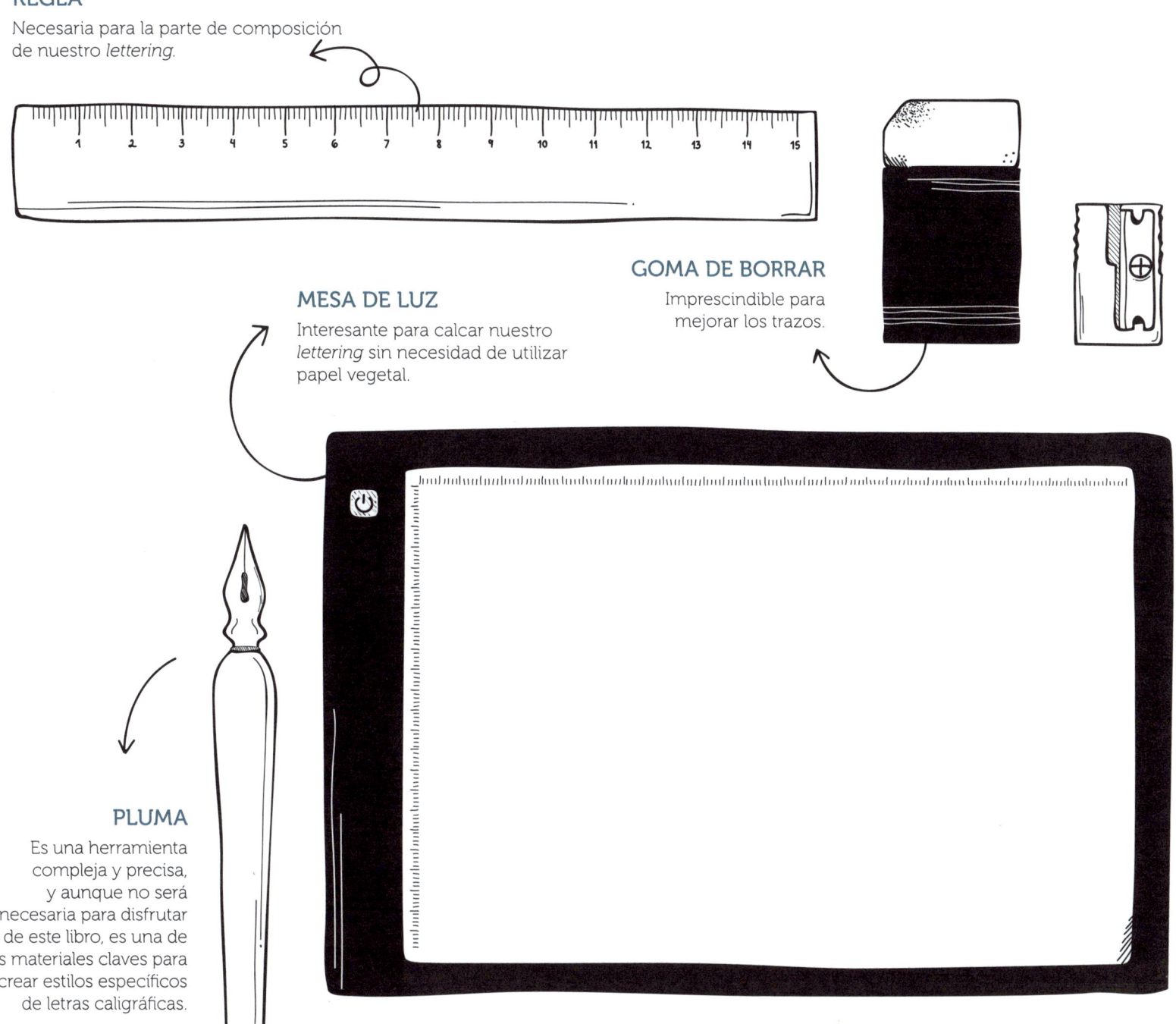

REGLA
Necesaria para la parte de composición de nuestro *lettering*.

GOMA DE BORRAR
Imprescindible para mejorar los trazos.

MESA DE LUZ
Interesante para calcar nuestro *lettering* sin necesidad de utilizar papel vegetal.

PLUMA
Es una herramienta compleja y precisa, y aunque no será necesaria para disfrutar de este libro, es una de los materiales claves para crear estilos específicos de letras caligráficas.

LETRAS *SERIF* Y *SANS-SERIF*

¿Qué son?

En este capítulo aprenderemos a construir los tipos de letra **Serif** y **Sans-serif**. Se trata de estilos de letras con formas rectas y geométricas, para las que necesitaremos seguir unas pautas claras y comprender cómo se forman.

Aunque hemos visto que el *lettering* es un arte personal y libre, necesitamos **asimilar ciertas reglas para que las formas de nuestras letras tengan sentido.**

La clave de este tipo de letras será aprender a dibujarlas paso a paso, prestando atención a cada pequeño detalle. Por eso, iremos viendo cómo crearlas letra a letra. Una vez hayamos comprendido el proceso, **podremos jugar y crear tantas combinaciones de** *lettering* **como queramos.**

> **nota**
> COMPRENDER CÓMO SE FORMAN ESTAS LETRAS ES CLAVE PARA PODER CREAR COMBINACIONES INFINITAS DE LAS MISMAS.

1 Páginas 41 a 53
Conocer la forma base de cada letra.

2 Página 54
Comprender las direcciones de trazos y añadir grosores

3 Páginas 56 a 65
Incluir serifas y decoración

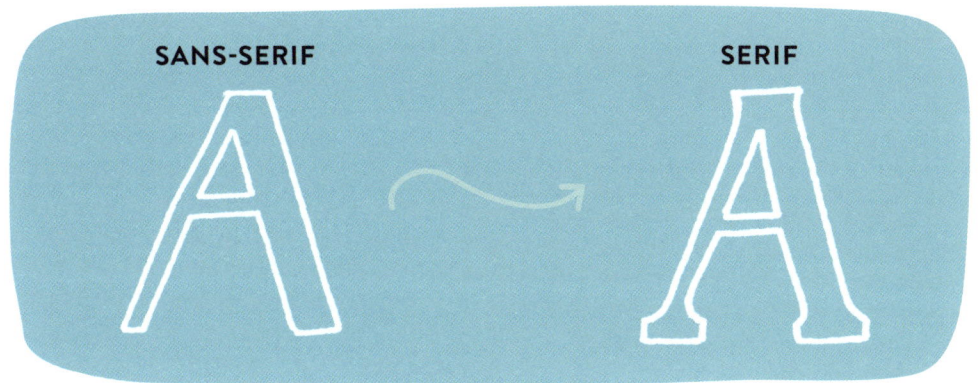

* **Tipo de letra *Sans-serif***: Trazos sin terminaciones. ("Sans" significa "sin" en francés. *Sin-remate* sería la traducción correcta.)
* **Tipo de letra *Serif***: Trazo al que se le añade un detalle en forma de terminación. Estas terminaciones se añaden al final de un asta o brazo.

Podemos crear **letras sin contraste** (mismo grosor en todos los trazos) o **con contraste**.

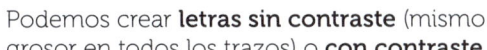

DIRECCIÓN Y GROSORES

La dirección que tome cada trazo según lo realicemos (dirección ascendente o descendente) nos indicará el grosor de estos.

La pauta será la siguiente:

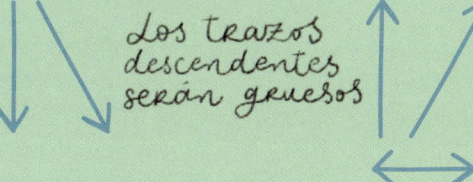

Los trazos descendentes serán gruesos. Los trazos ascendentes y horizontales serán finos.

Podemos añadir **diferentes tipos de remates o serifas** para convertir una letra *Sans-serif* en *Serif*.

También podemos añadir **elementos decorativos** con los que, a partir de una base común, obtenemos infinitos tipos de letra.

INFINITAS POSIBILIDADES

LETRAS SERIF Y SANS-SERIF

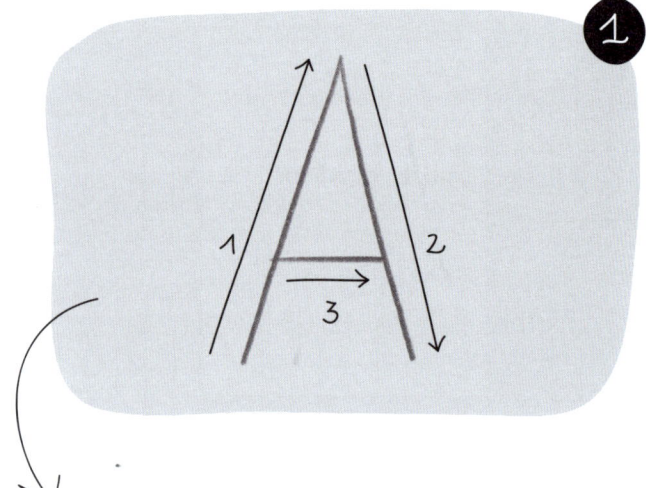

Dibuja la silueta de la letra a lápiz siguiendo las direcciones, comprendiendo y teniendo en cuenta los trazos de los que se compone y las notas incluidas.

Crea los grosores de la letra generando líneas paralelas a partir de la base de la letra.

Mantén un grosor uniforme en todos los trazos.

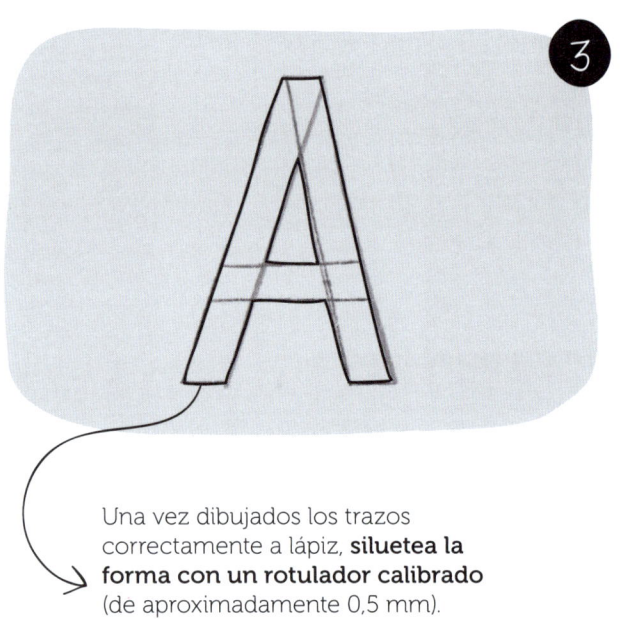

Una vez dibujados los trazos correctamente a lápiz, **siluetea la forma con un rotulador calibrado** (de aproximadamente 0,5 mm).

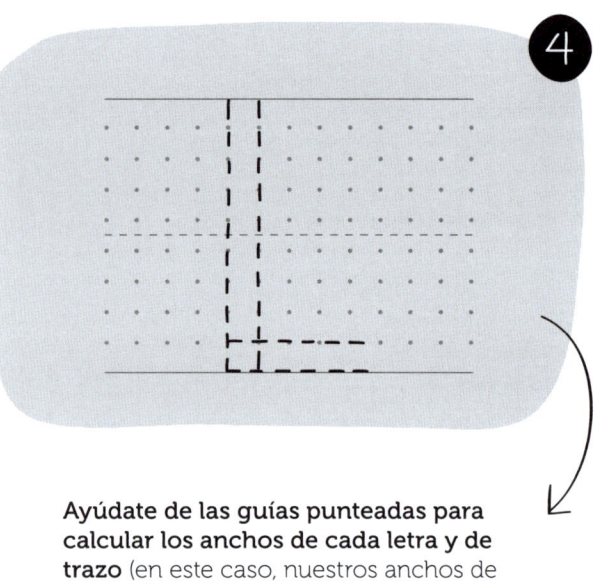

Ayúdate de las guías punteadas para calcular los anchos de cada letra y de trazo (en este caso, nuestros anchos de trazo serán de un punto).

* La **letra A** se compone de dos astas diagonales (que confluyen en un vértice) y un asta transversal.

* El **asta transversal** de la A se sitúa ligeramente por debajo de la guía central por una cuestión de equilibrio visual.

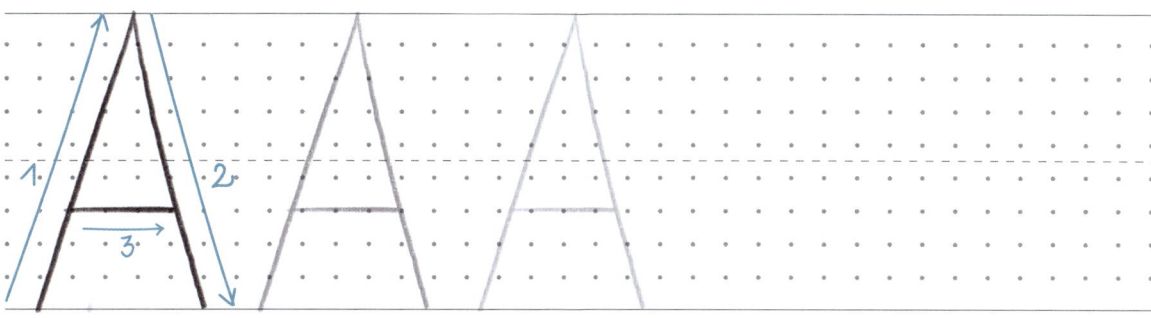

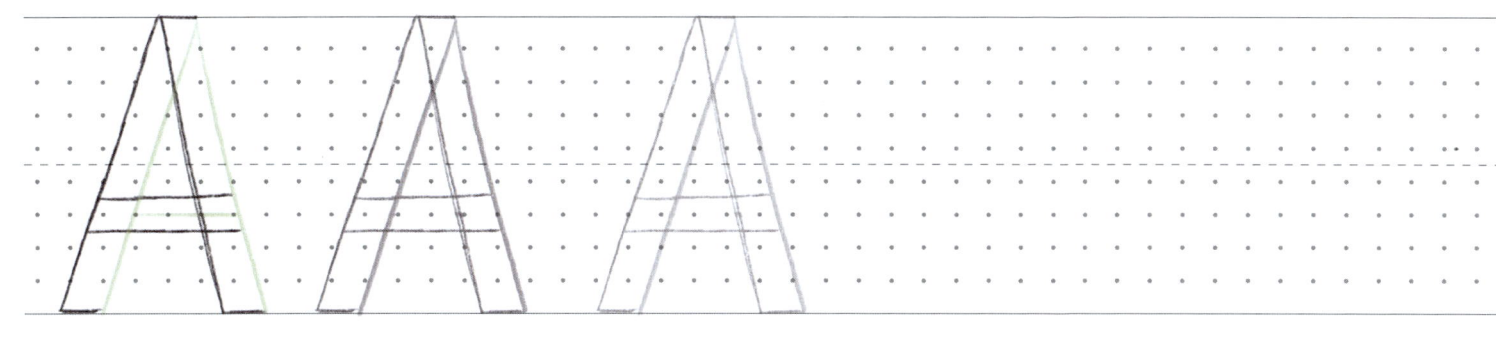

* La **letra B** se conforma de un asta principal y dos bucles.

* Los **bucles** de la B no son simétricos: el superior será ligeramente más pequeño que el inferior. Ayúdate de círculos para dibujarlos.

* Este bucle lo veremos repetido en las letras **D, P y R.**

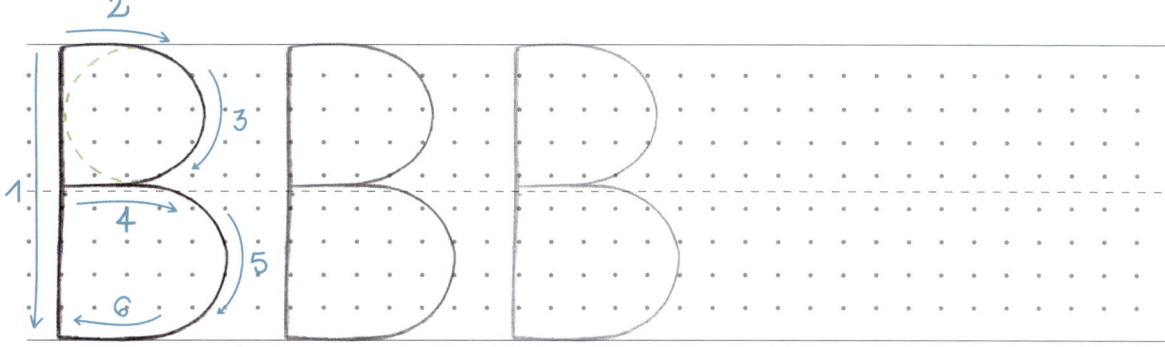

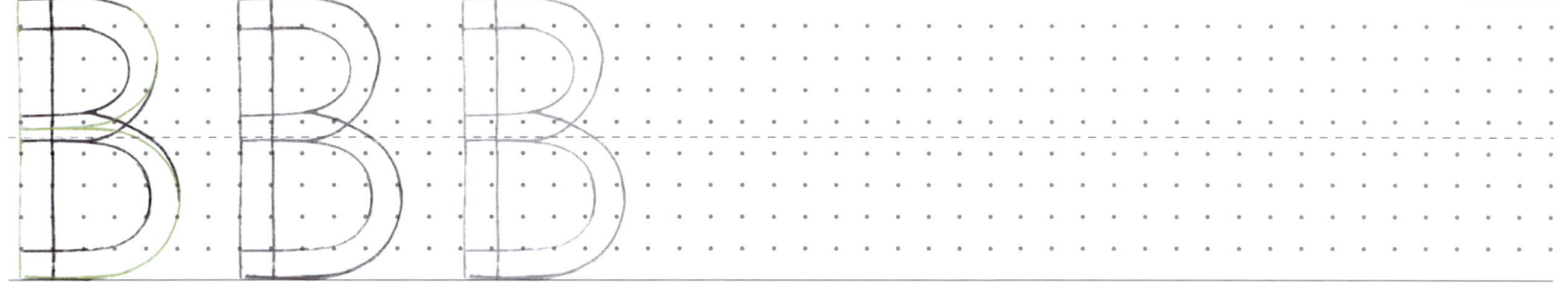

LETRAS *SERIF* Y *SANS-SERIF*

* La **letra C** se forma de un trazo curvo.

* Para crearla podemos **dibujar un círculo** (con forma más o menos ovalada en función del ancho de letra que quieras).

* El comienzo y final de la C deben **alinearse verticalmente.**

* Esta forma la veremos repetida en las letras **G, O y Q**.

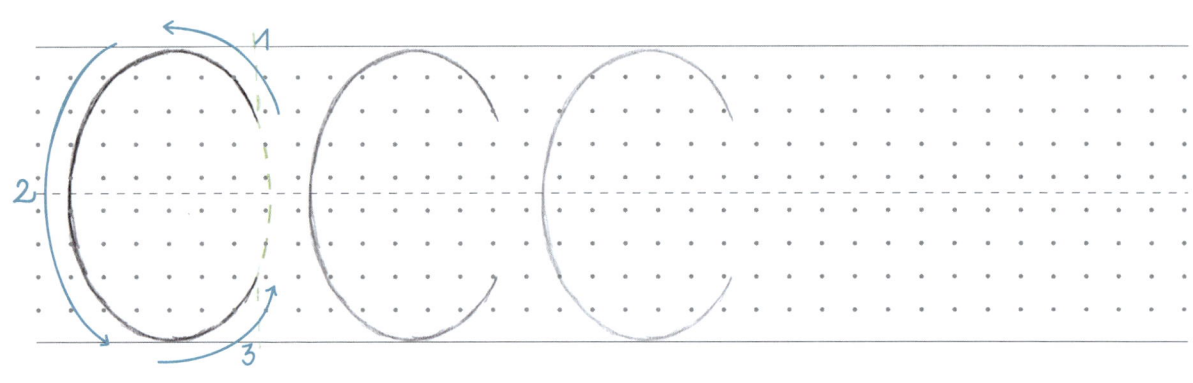

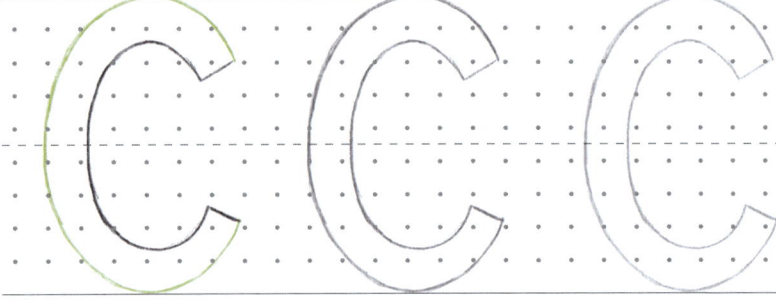

* La **letra D** se compone de un asta y un bucle.

* Supongo que empiezas a reconocer formas... ¿Te recuerda algo a la **B**? ;)

* De nuevo, podrías dibujar un círculo y dividirlo con una línea vertical.

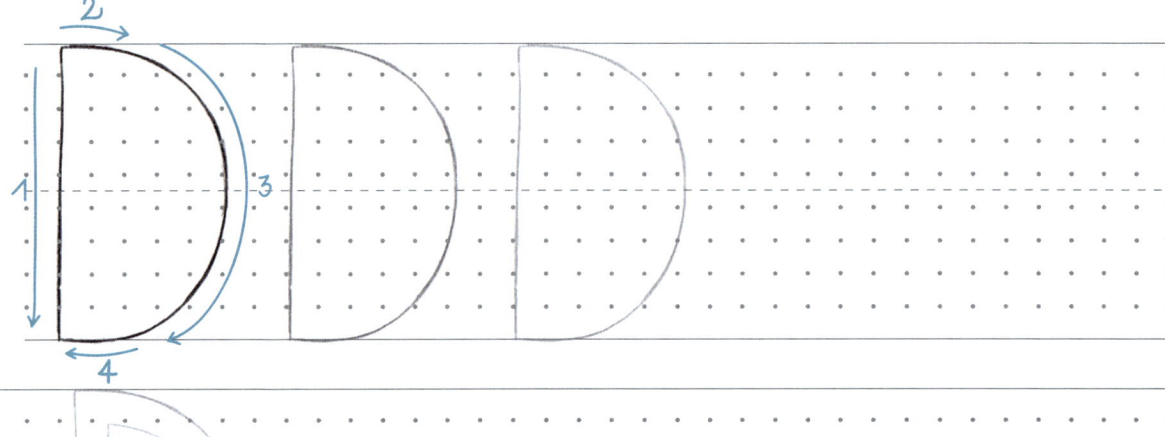

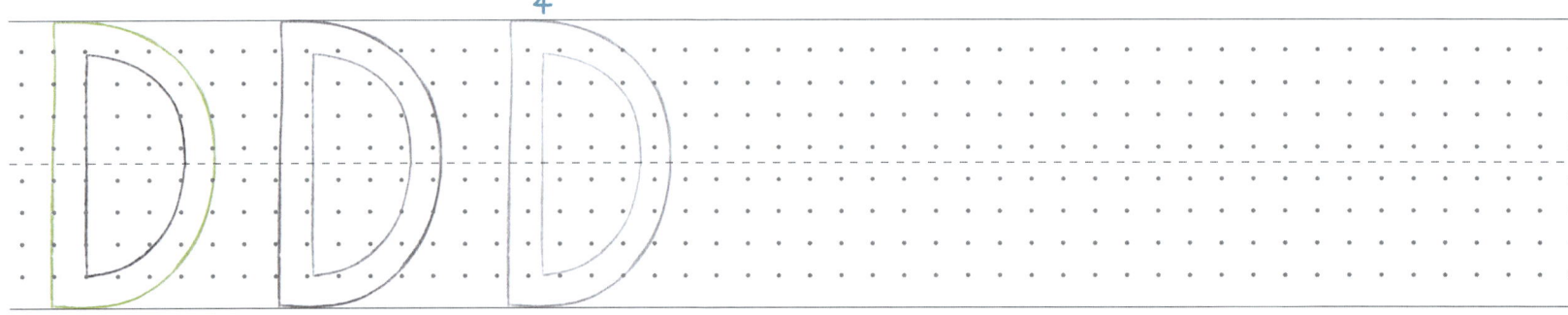

42

* La **letra E** tiene forma rectangular y se compone de un asta y tres brazos.

* La E nos servirá para practicar **rectas perfectas** (perpendiculares y paralelas).

* El **brazo central** es ligeramente más corto que el superior e inferior.

* Repetiremos estas formas en las letras **F, H, I y L**.

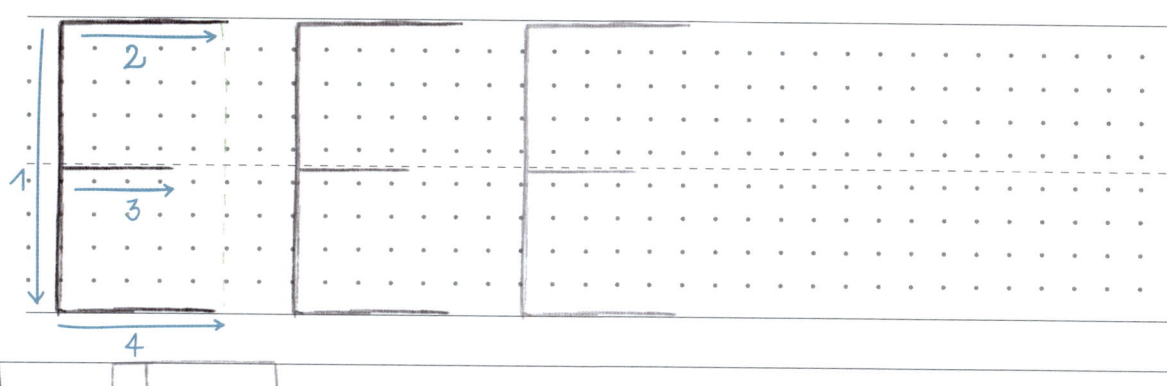

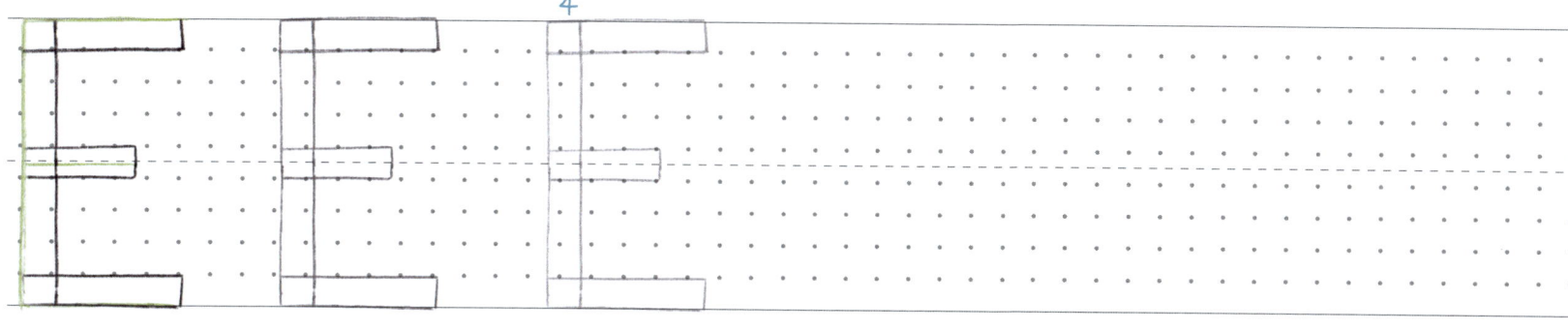

* Como puedes ver, la **letra F** es muy similar a la letra E.

* El **brazo inferior** de la F se sitúa debajo de la guía central por una cuestión de equilibrio visual.

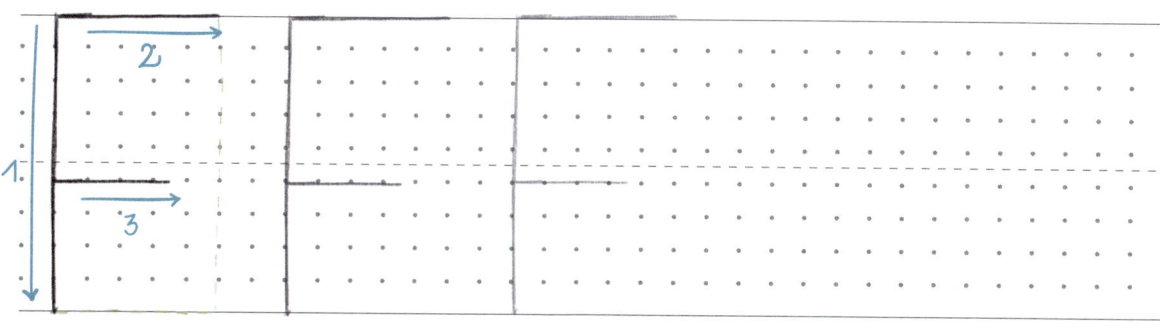

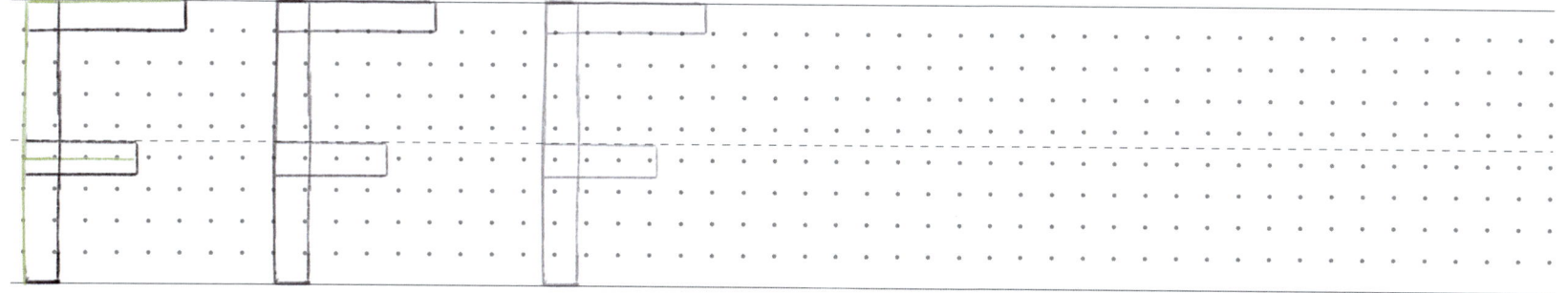

LETRAS *SERIF* Y *SANS-SERIF*

✱ ¿Te recuerda a la **C**?

✱ La **letra H** se compone de dos astas verticales y uno transversal.

* ¡La letra más fácil! Se compone de un único asta vertical.

* La **letra J** se forma a partir de un asta que termina en cola.

* Ayúdate de un círculo para dibujar la cola de la J.

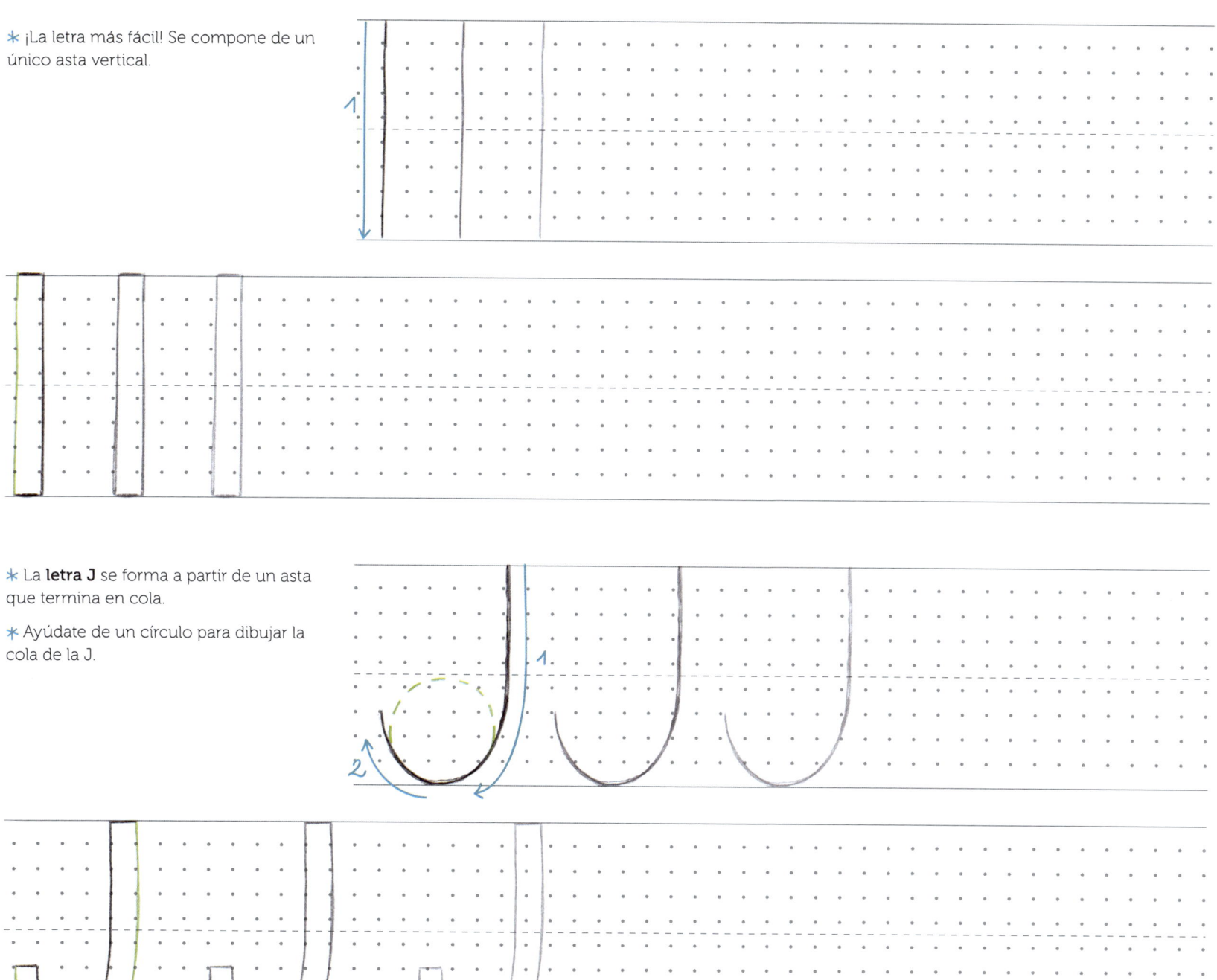

El Arte del Lettering

45

* La **letra K** se compone de un asta principal y dos trazos diagonales (ascendente y descendente).

* El segundo **trazo diagonal** surge del primero y es algo más alargado que el primero.

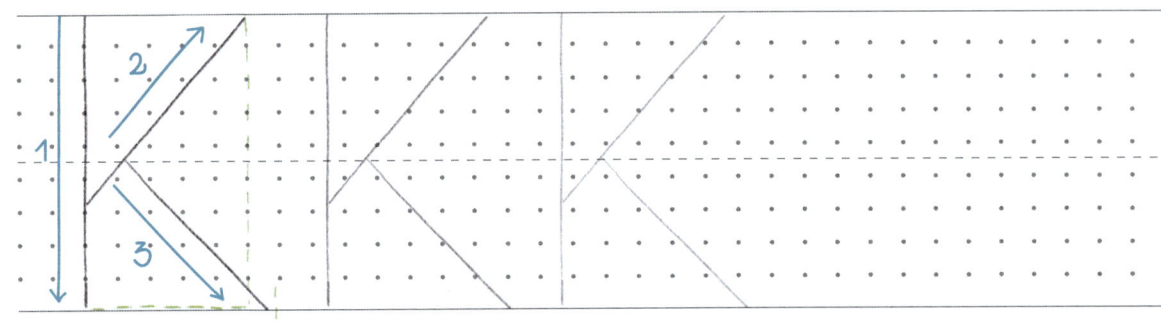

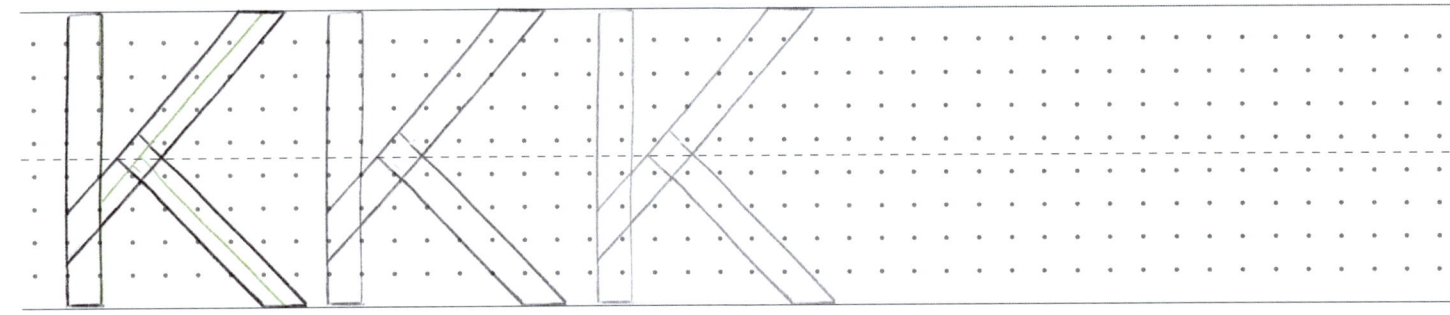

* La **letra L** es una de las más sencillas de dibujar, ya que únicamente se compone de un asta y un brazo.

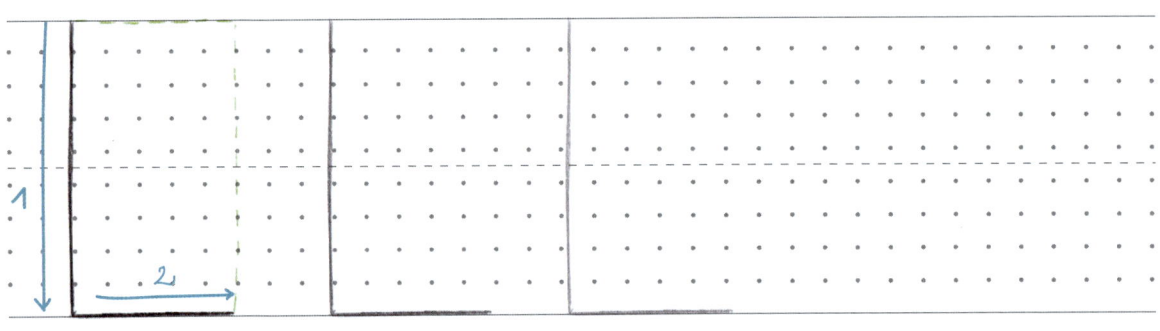

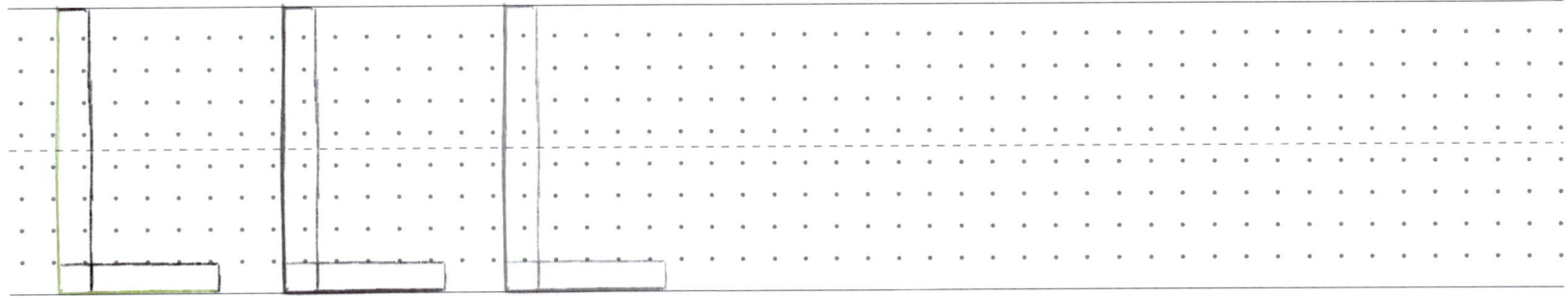

* Hay diferentes maneras de crear la **letra M**, dependiendo de la **altura de su vértice central**: puede situarse en la zona central de nuestras guías o reposar en la inferior.

* Es una de las letras más elegantes y que más posibilidades ofrece.

* La M tiene un tamaño **más ancho** que el resto de letras.

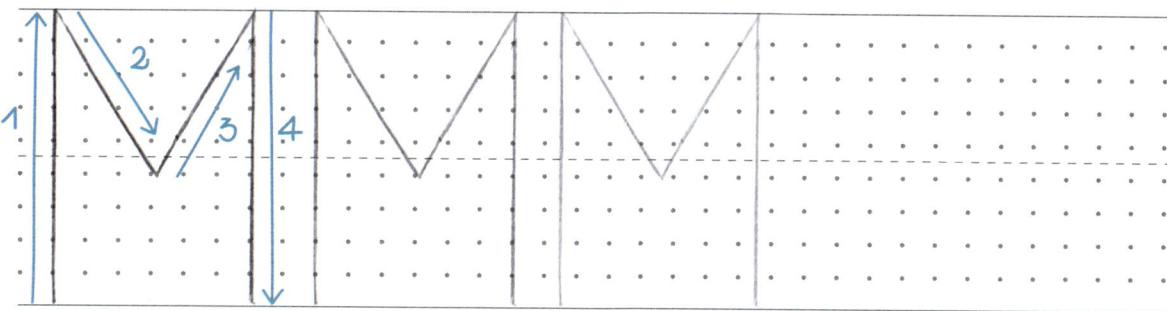

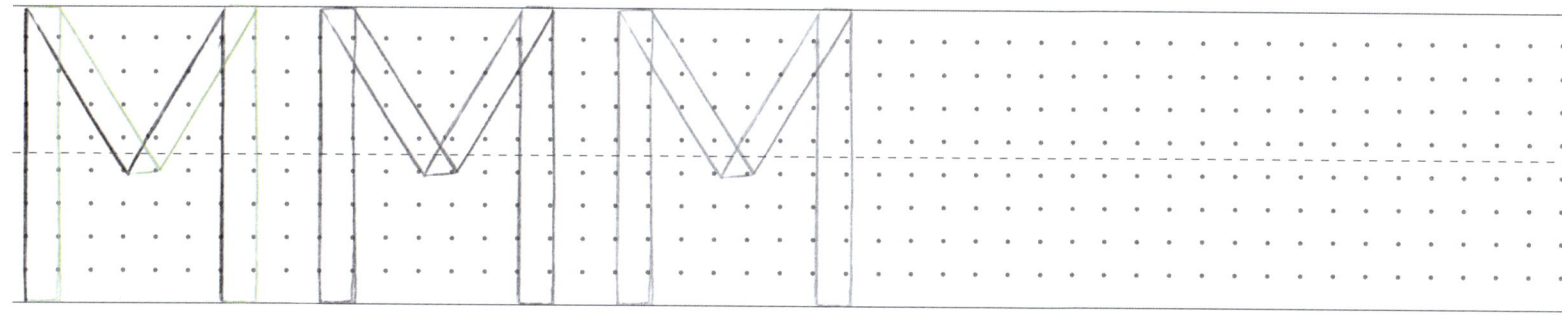

* La **letra N** se compone de dos astas y un trazo diagonal.

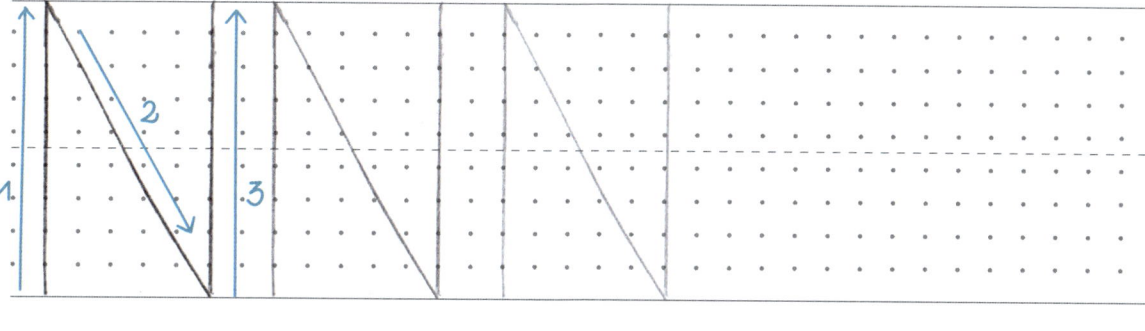

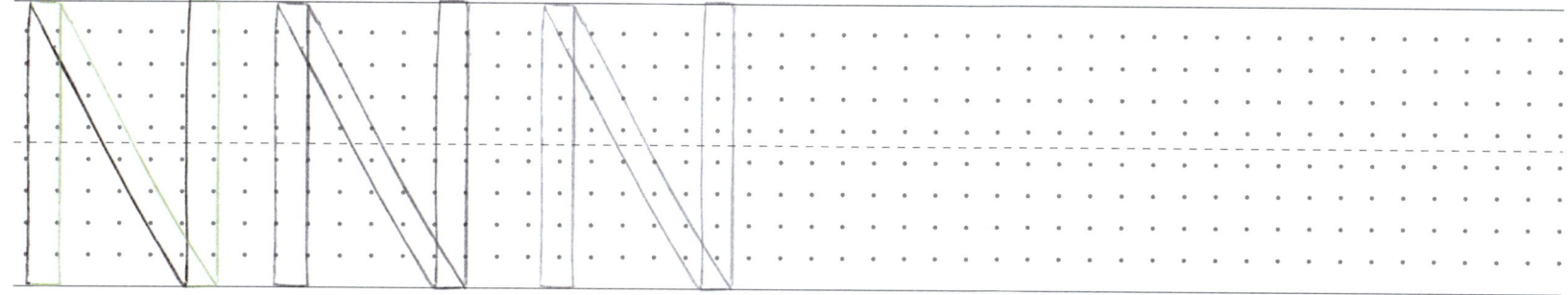

LETRAS *SERIF* Y *SANS-SERIF*

* ¿Recuerdas la letra **C**?
* Para dibujarla puedes ayudarte de un eje horizontal y vertical.

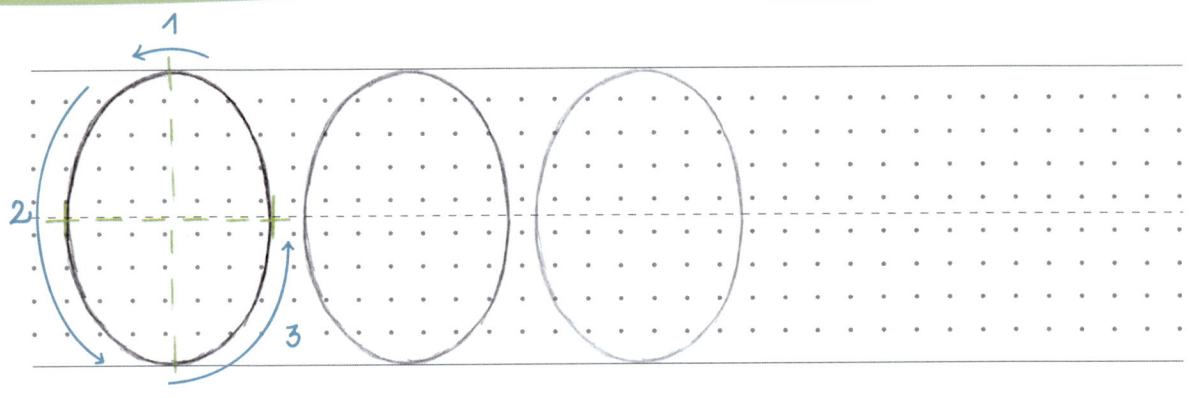

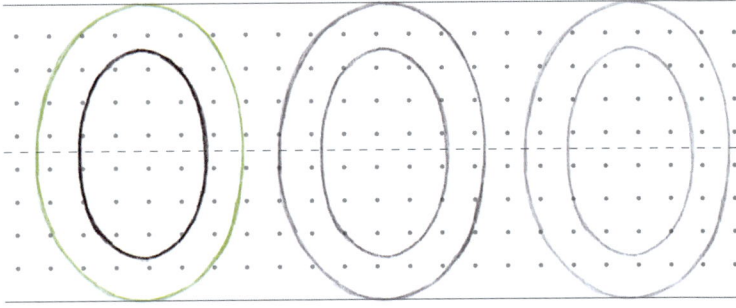

* La **letra P** es una B con un único bucle.
* En este caso el **bucle** es más grande.
* Podemos tomar como referencia la **F** y unir en un bucle sus dos brazos.

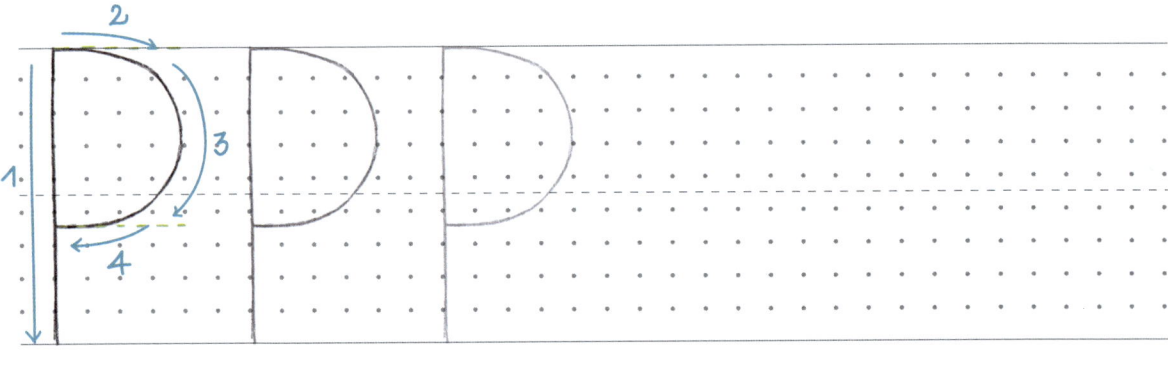

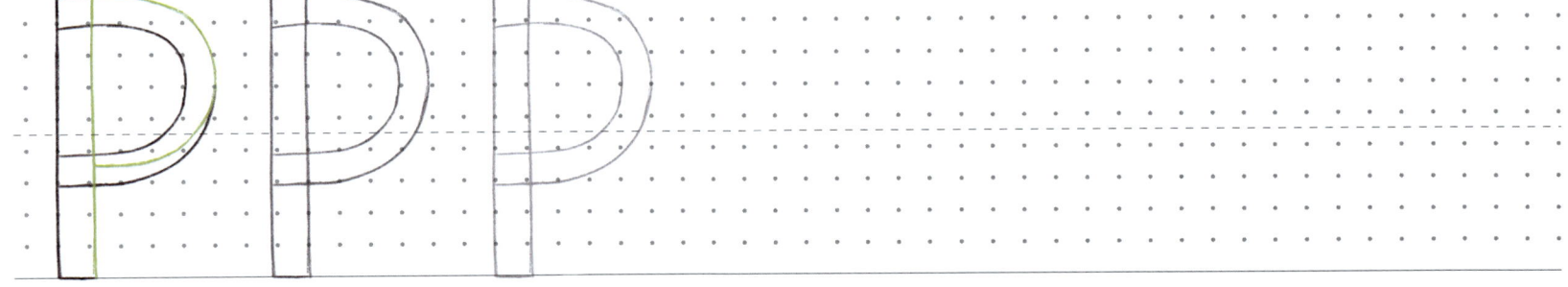

* La **letra Q** se forma partiendo de la O y añadiendo un trazo diagonal descendente que llamamos **cola**.

* **La cola** sobresale ligeramente del ancho de la O y es un trazo que ofrece interesantes posibilidades.

* La **letra R** se compone de un asta, un bucle y una diagonal.

* Al igual que la letra **K**, el trazo diagonal se extiende ligeramente a la derecha de la letra.

* En la R encontramos formas de las letras **P y K** y se trata de una de las letras con más posibilidades.

LETRAS SERIF Y SANS-SERIF

✳ El asta principal de la **letra S** lo llamamos **asta ondulada** o espina y es la única letra que lo incluye.

✳ Es una de las letras más difíciles de dibujar y a la vez de las que más juego ofrece.

✳ Para dibujarla puedes ayudarte de dos círculos de distinto tamaño.

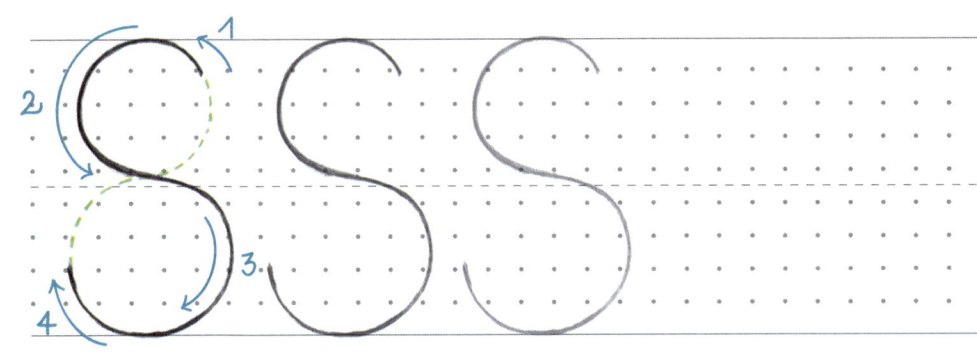

✳ La **letra T** es otra de las letras con formas rectas y básicas, como las letras **E, F, H, I o L**.

✳ Es **asta vertical** surge del centro del brazo.

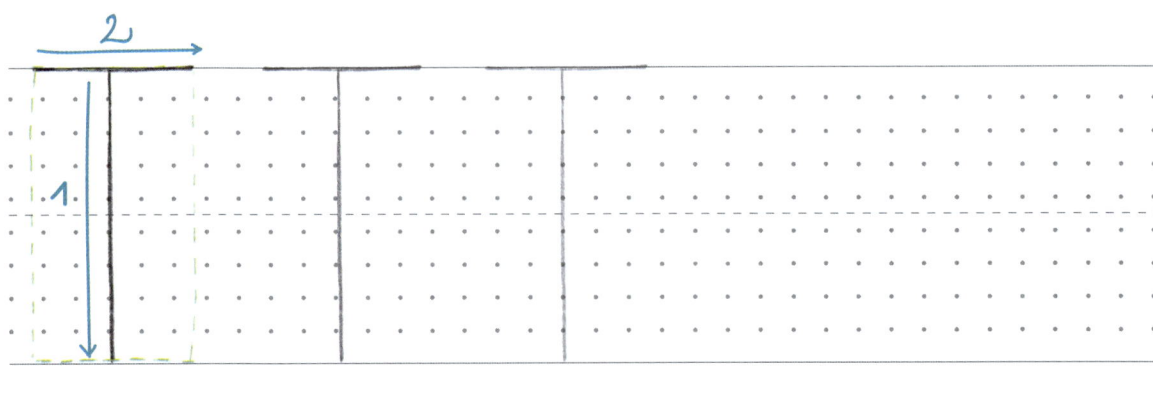

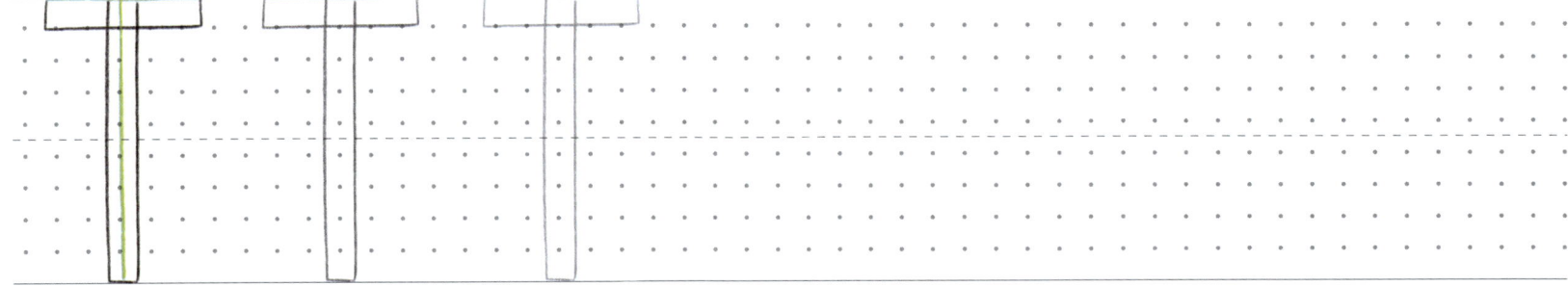

* ¿Recuerdas la letra **J**?

* De nuevo, ayúdate de un círculo para crear esta letra.

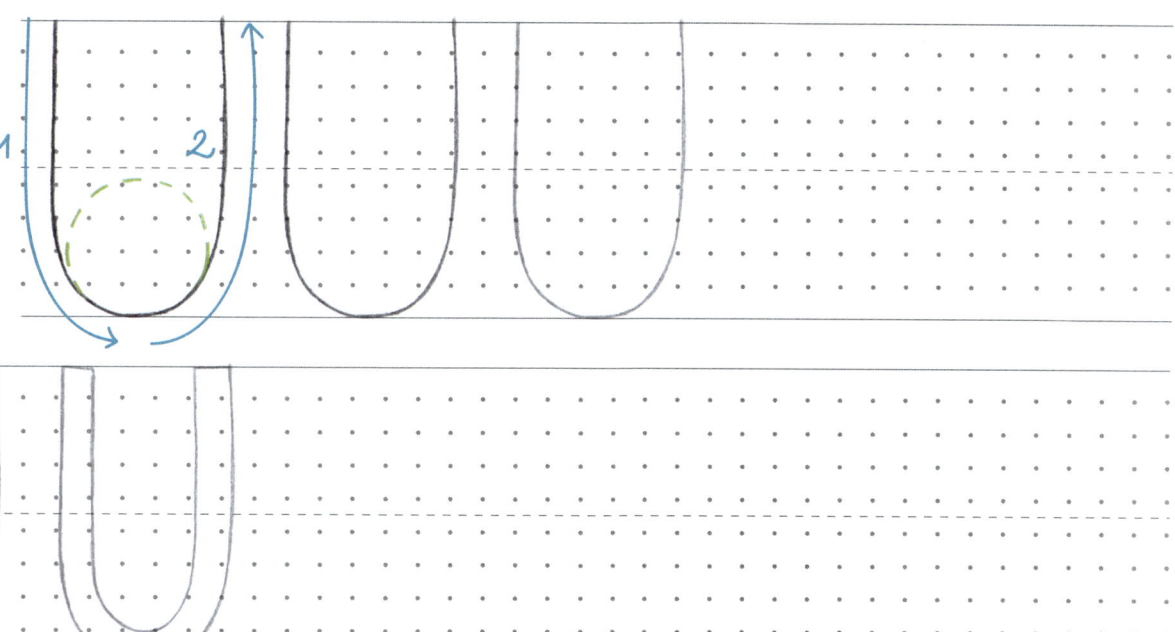

* La **letra V** es una A invertida (sin la barra transversal).

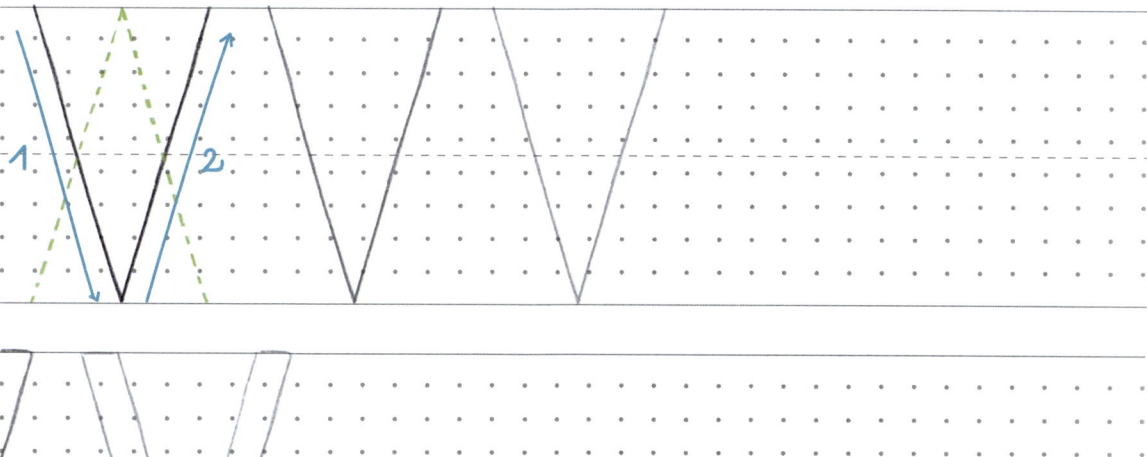

LETRAS SERIF Y SANS-SERIF

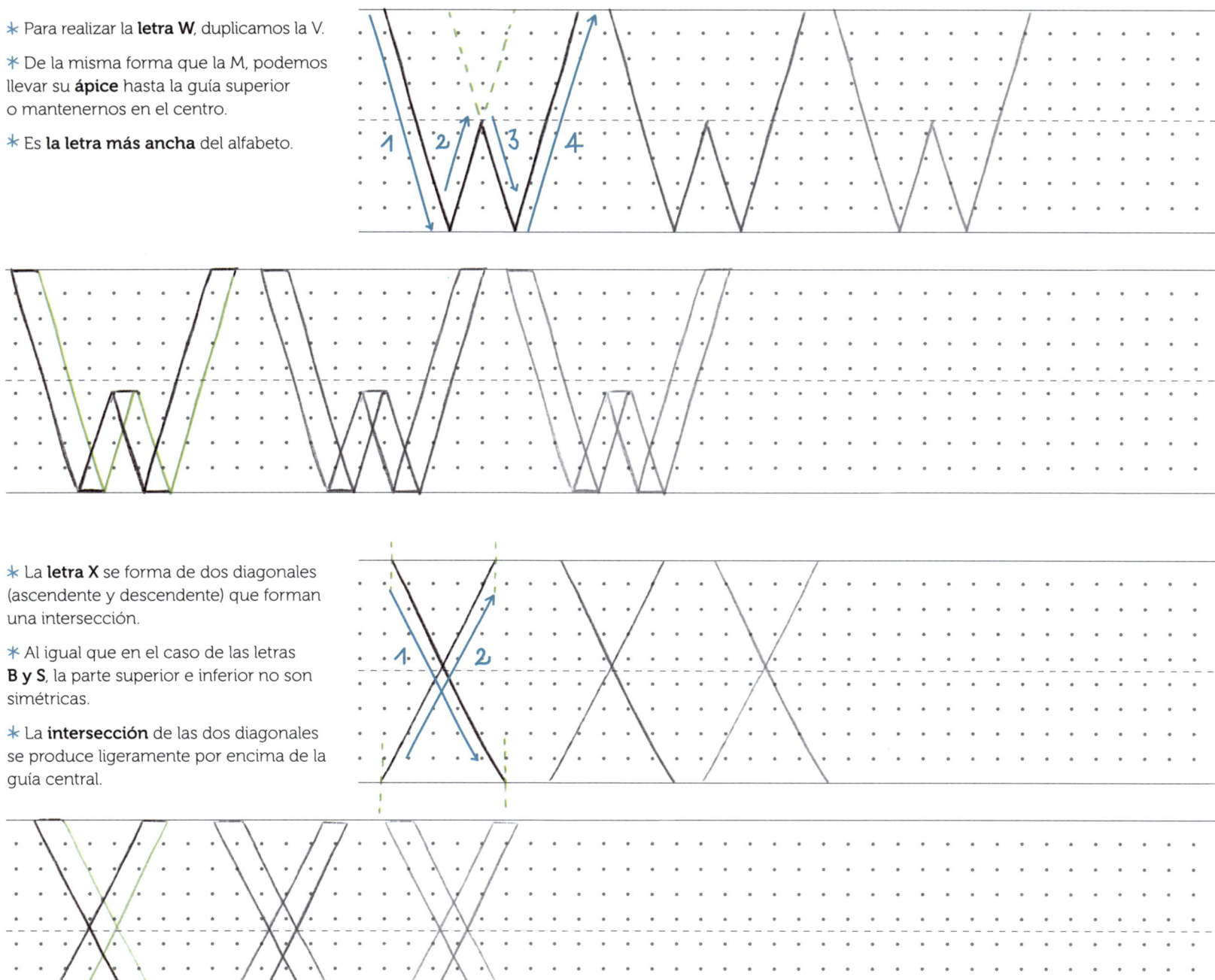

* Para realizar la **letra W**, duplicamos la V.
* De la misma forma que la M, podemos llevar su **ápice** hasta la guía superior o mantenernos en el centro.
* Es **la letra más ancha** del alfabeto.

* La **letra X** se forma de dos diagonales (ascendente y descendente) que forman una intersección.
* Al igual que en el caso de las letras **B y S**, la parte superior e inferior no son simétricas.
* La **intersección** de las dos diagonales se produce ligeramente por encima de la guía central.

* La **letra Y** se forma de dos brazos diagonales que surgen de un asta vertical.

* El cruce (ficticio) se realiza por debajo de la guía central.

* La **letra Z** se forma de dos brazos horizontales y un asta diagonal descendente.

* De la misma forma que en las letras **B**, **S** o **X**, la parte superior e inferior no son simétricas.

* Podemos usar la forma de la **X** para crear la Z.

Contrastes

Una vez hemos comprendido cómo se forman y practicado nuestras letras mayúsculas de trazo uniforme (mismo grosor en todos los trazos), vamos a centrarnos en crear estas mismas letras **añadiendo contraste**.

En la página siguiente encontrarás de nuevo el alfabeto, esta vez con **trazos de diferente grosor**. Esta variación dependerá de la **dirección** que lleve nuestro trazo al dibujar cada una las letras.

La pauta, como hemos visto previamente, será la siguiente: **los trazos descendentes serán gruesos; los trazos ascendentes y horizontales serán finos**.

Podremos jugar con diferentes grosores tanto de trazos finos como gruesos. En las próximas páginas encontrarás **diferentes formas de aplicar contrastes**.

La complicación de esta pauta radica principalmente en los **trazos curvos**, es decir, los que encontramos en las letras B, C, D, G, J, O, P, Q, R, S y U.

En estos casos, habrá que crear una **transición progresiva entre fino y grueso**:

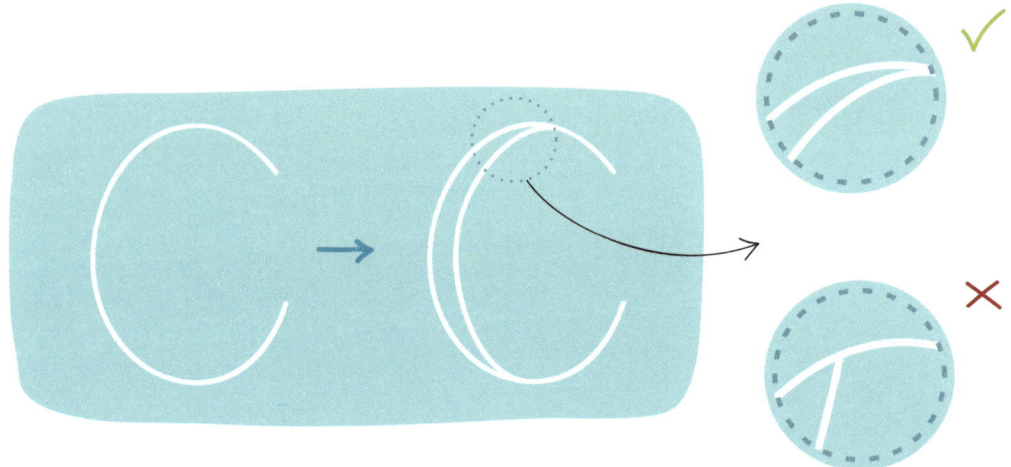

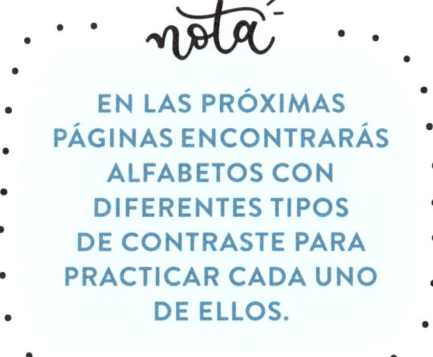

EN LAS PRÓXIMAS PÁGINAS ENCONTRARÁS ALFABETOS CON DIFERENTES TIPOS DE CONTRASTE PARA PRACTICAR CADA UNO DE ELLOS.

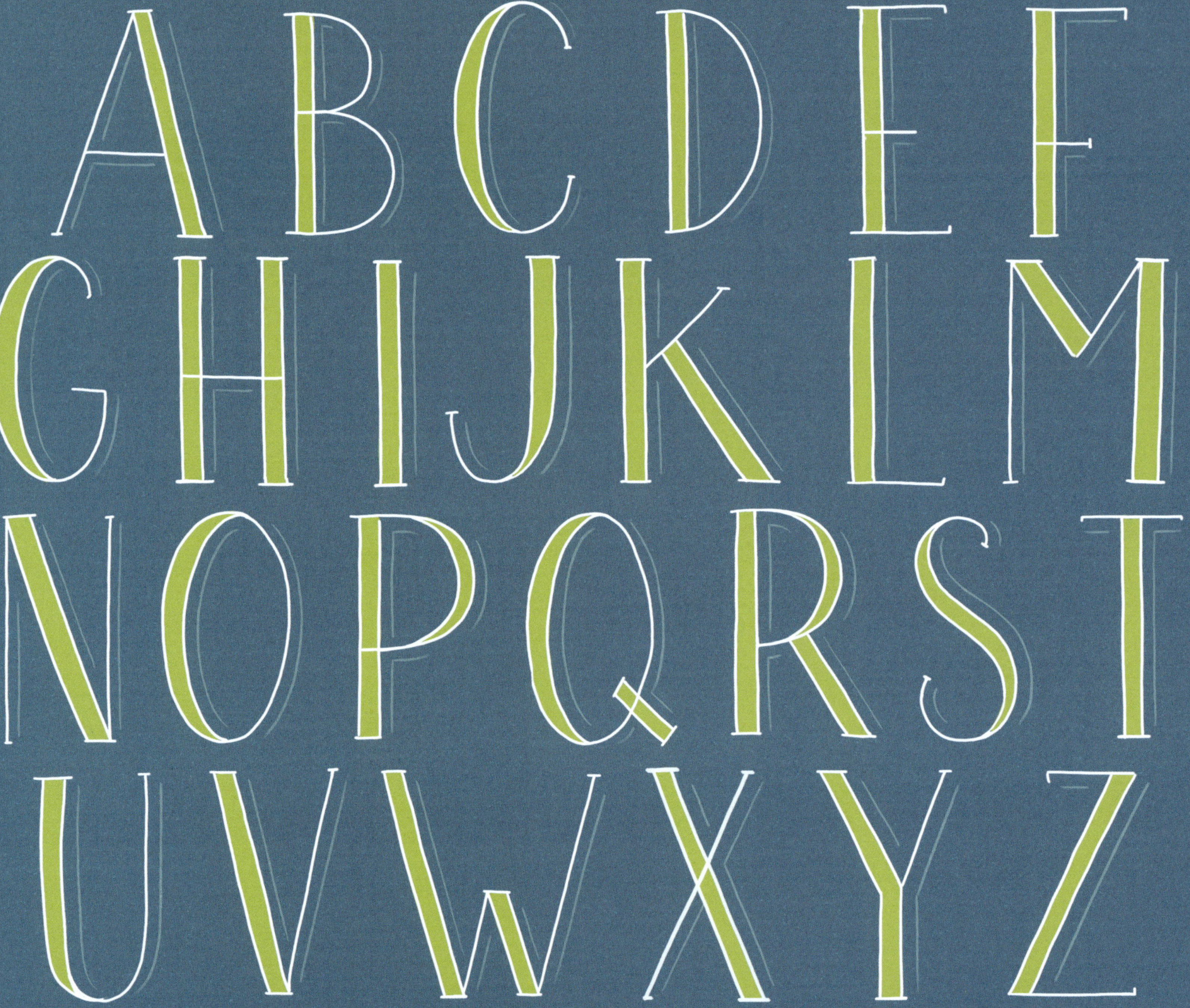

LETRAS *SERIF* Y *SANS-SERIF*

ABCDEF
GHIJKLM
NOPQRST
UVWXYZ

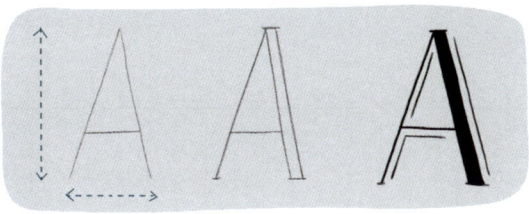 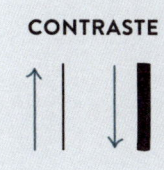 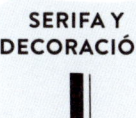

CONTRASTE

SERIFA Y DECORACIÓN

- *Utiliza los puntos como referencia* (anchos y altos) para dibujar todo tu alfabeto.
- *No es necesario calcular matemáticamente,* sino utilizar el **criterio visual**.
- *Crea la base a lápiz y siluetea con un rotulador calibrado cuando las formas estén perfectas. Puedes utilizar un rotulador más fino para el sombreado exterior.*

LETRAS *SERIF* Y *SANS-SERIF*

ABCDEF
GHIJKLM
NOPQRST
UVWYXZ

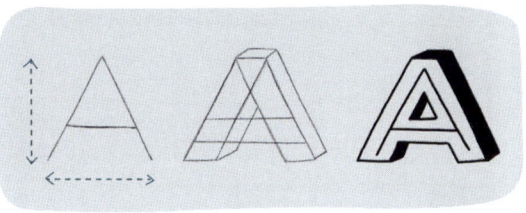  

SIN CONTRASTE

DECORACIÓN (SIN SERIFA)

- *Crea los trazos con **grosor uniforme**.*
- ***Añade la propia letra en su interior** mediante trazo fino. Sabrás si tus formas son correctas si esta letra incluida en el interior se ve perfecta.*
- *Agrega un **sombreado** en la zona superior derecha de los trazos.*

LETRAS *SERIF* Y *SANS-SERIF*

ABCDEF
GHIJKLM
NOPQRST
UVWXYZ

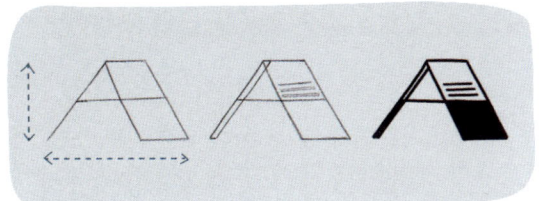 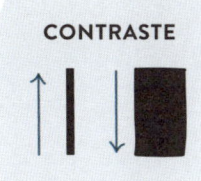 

- *Crea la base a lápiz con el **contraste** indicado.*
- *Divide las letras de forma horizontal y **rellena con un rotulador más grueso** la zona inferior.*
- *Incluye **3 líneas horizontales** en la mitad superior (con ayuda de un rotulador fino).*

LETRAS *SERIF* Y *SANS-SERIF*

ABCDEF
GHIJKLM
NOPQRST
UVWXYZ

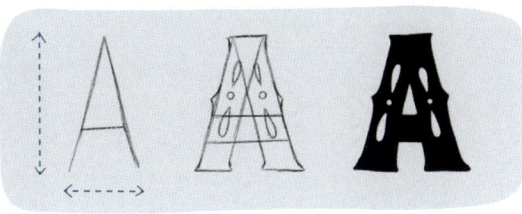

SIN CONTRASTE

SERIFA Y DECORACIÓN

- *Crea los trazos con **grosor uniforme** (a lápiz).*
- *Añade las **serifas** en la terminación de las letras y los **elementos decorativos** (en el interior y la zona central exterior de los trazos).*
- ***Siluetea** la letra y elementos decorativos con rotulador calibrado, y **rellena en masa** las letras.*

LETRAS *SERIF Y SANS-SERIF*

ABCDEF
GHIJKLM
NOPQRST
UVWXYZ

SIN CONTRASTE

SERIFA Y DECORACIÓN

- Dibuja la base de la letra mediante **trazos de grosor uniforme**.
- Añade en las terminaciones de las letras la **serifa** indicada.
- Decora los trazos principales con los **recursos decorativos** propuestos.

LETRAS *SERIF* Y *SANS-SERIF*

LETRAS *SERIF* Y *SANS-SERIF*

• *Practica una composición de varias palabras con tipo de letra "Serif" y "Sans-serif" viendo progresar tu dibujo en 4 pasos.*

> Encontrarás más guías como éstas a partir de la página 114.

1.

2.

3.

4.

LETRA CALIGRÁFICA

¿Qué es?

En este capítulo comprenderemos y practicaremos el **tipo de letra caligráfica**. En términos generales, es aquel estilo de letra que realizamos **de forma continuada, fluida y donde las letras están unidas.**

Este estilo proviene directamente de la **caligrafía cursiva**, que se realiza con pluma aplicando un ángulo, formas y contrastes específicos.

Mediante una adaptación progresiva de sus formas (más clásicas y formales), este estilo ha ido derivando hacia unas **formas más modernas y expresivas.**

Sus trazos elegantes y románticos ofrecen infinitas posibilidades de decoración mediante **florituras y otros elementos decorativos** que veremos más adelante.

> **nota**
> LETRAS UNIDAS, CREADAS MEDIANTE UN GESTO FLUIDO Y CONTINUADO.

Caligrafía

moderna
- Formas expresivas
- Diferentes tamaños y alturas
- Pueden incluir florituras y otros elementos decorativos
- Enlaces exagerados
- La línea base varía

trazos básicos

Comprender los trazos de los que se forman este tipo de letras es un paso clave para poder dibujarlas.

Por eso, vamos a conocer y practicar cuáles son esas formas básicas necesarias para poder crear todas nuestras minúsculas.

Una vez hayamos adquirido la teoría y practicado todos los trazos con ayuda de guías y en tamaños concretos, **nos saltaremos las reglas** para poder construir palabras con este tipo de letra de una forma más **dinámica y expresiva**.

> **nota**
>
> **COMPRENDEREMOS LAS FORMAS BÁSICAS PARA DESPUÉS JUGAR CON ELLAS Y CREAR PALABRAS CON EXPRESIVIDAD.**

- Trazo circular común de las letras **a, c, d, e, g, o & q**.
- Trazo común (y/o enlace) de las letras **a, d, h, i, l, m, n, r, t, u & y**.
- Trazo común de las letras ascendentes **b, d, f, h, k & l**.
- Trazo común de las letras descendentes **f, g, j, y & z**.
- Bucle común de las letras **r, s, v & w**.
- Bucle común a las letras **b, p & s**.
- Trazo común de las letras **m & n**.
- Trazo común de las letras descendentes **p & q**.

Para este tipo de letra, será importante **pensar en trazos** más que en letras. Es decir, nos será mucho más sencillo formar palabras trazo a trazo, pensando en cada una de las formas básicas indicadas en la página anterior.

Ejemplo:

- *Crea tus letras minúsculas pensando en **trazos individuales**, tal y como se indica en cada letra.*
- *Comprende y sitúa poco a poco todas las formas básicas de la página anterior en tu alfabeto de minúsculas.*

- *Fíjate en las direcciones de las flechas y ayúdate de las guías para controlar las formas.*
- *Puedes practicar primero a lápiz y repasar después con un rotulador calibrado (0,5 - 1 mm).*

 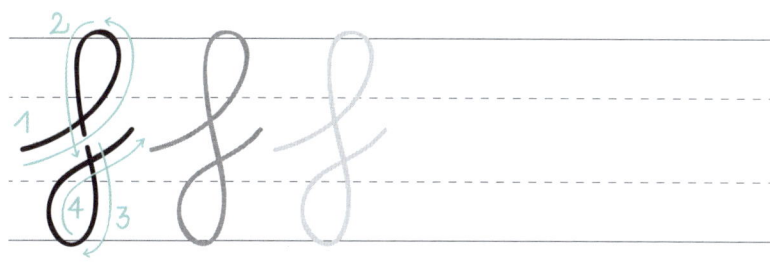

LETRA CALIGRÁFICA

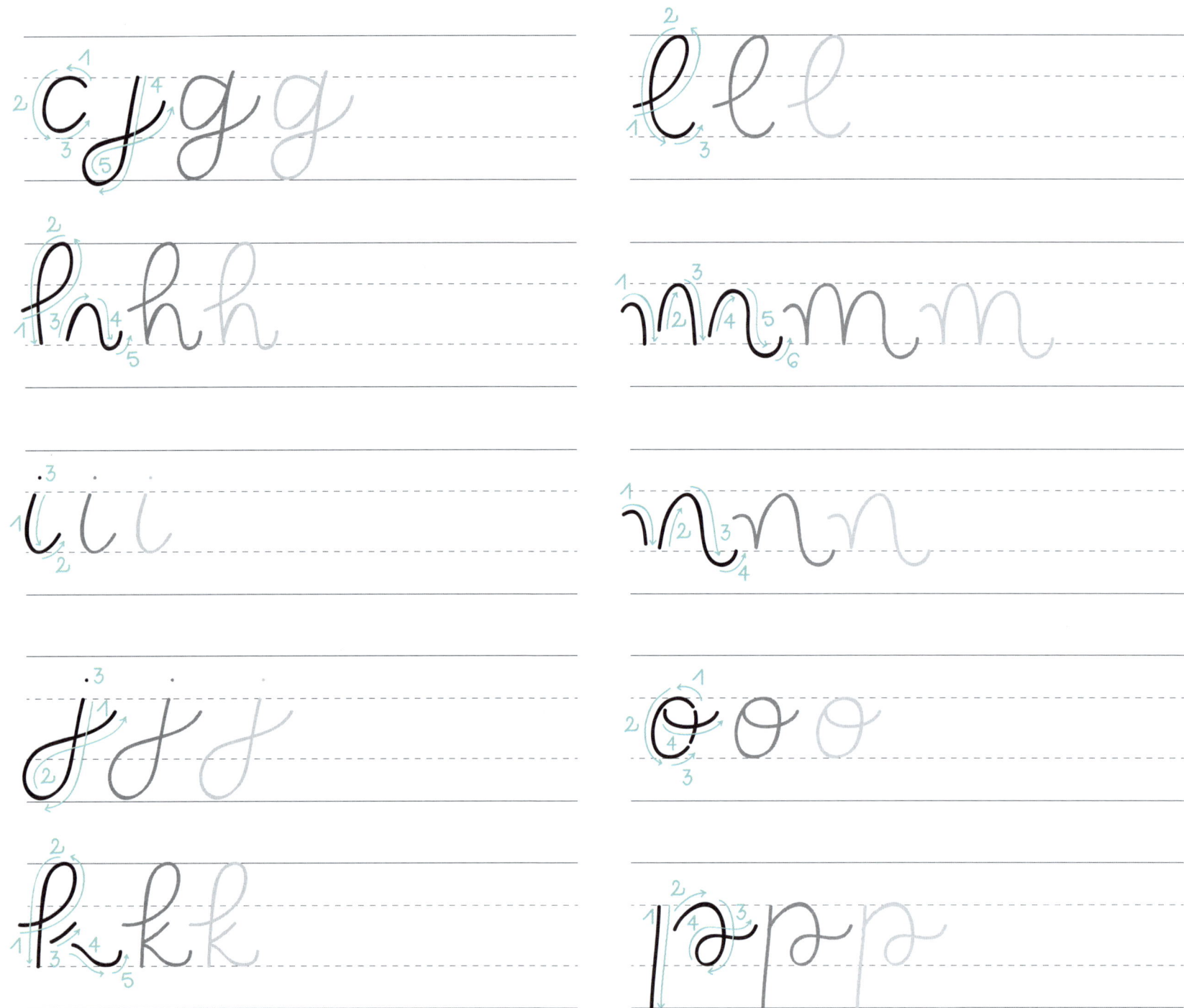

Encontrarás más plantillas en la página 116.

El Arte del Lettering

77

Coherencia de trazos

Aunque hayas practicado un estilo de minúsculas en particular, **no es necesario seguir estrictamente las formas que aquí se proponen.** Lo que sí es necesario es comprender una serie de conceptos que debemos seguir para que nuestras letras tengan **formas coherentes** y así de esta forma experimentar y crear tus propias opciones para este tipo de letra.

Los conceptos a tener en cuenta son los siguientes:

> **nota**
>
> DA IGUAL SI PREFIERES UN TIPO DE ÁNGULO, FORMA O ENLACE. LO IMPORTANTE SERÁ QUE EL ESTILO ESCOGIDO MANTENGA COHERENCIA.

LAS FORMAS

Dentro de cada grupo de formas básicas (indicadas en la página 74), podemos **buscar nuestro propio estilo:** formas circulares más o menos ovaladas (1), bucles más o menos comprimidos (2, 4, 5 y 6), formas más o menos angulosas (3), etc.

Ya usemos unas formas u otras, lo importante será mantenerlas en el conjunto de la palabra, para obtener una **composición con estilo coherente.**

ENLACES Y ESPACIADOS

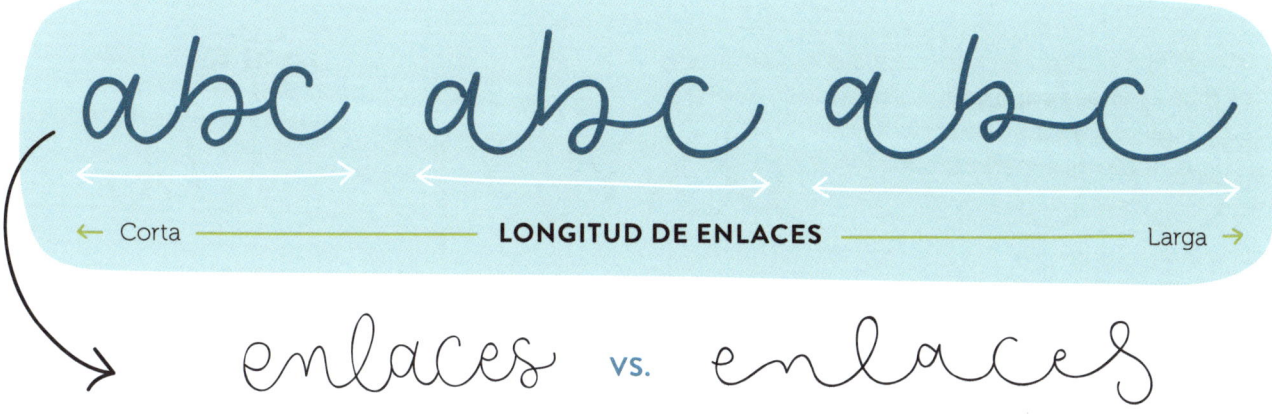

Los enlaces entre letras pueden ser más o menos alargados, creando así palabras **con diferente expresividad**.

Si los enlaces son más amplios, la palabra quedará más expandida que si usamos enlaces más cortos.

Lo ideal será jugar con estas opciones, pero **mantener tanto la forma como la longitud** (aproximada) de los enlaces entre letras.

ÁNGULO

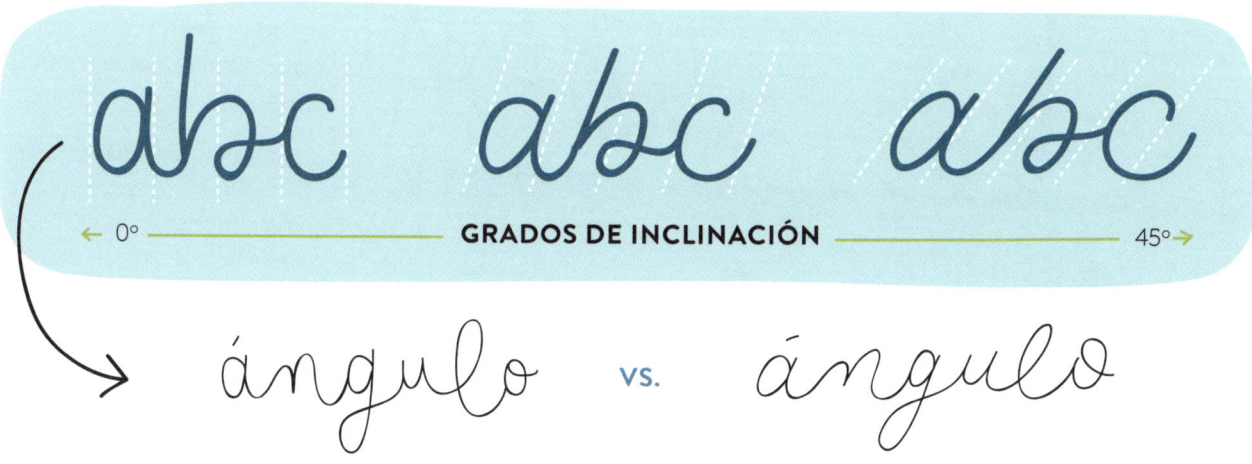

Podemos utilizar un ángulo más vertical (0º) o más inclinado (45º).

Lo importante será **mantener esa inclinación** a lo largo de toda la palabra.

> Te invito a volver a practicar todas las minúsculas con diferentes opciones de formas, enlace y ángulo.

LETRA CALIGRÁFICA

- Completa las siguientes palabras manteniendo **coherencia de formas, enlace y ángulo**.
- Puedes utilizar primero lápiz y después repasar con un rotulador calibrado.

bicicleta

amapola

unicornio

galleta

aventura

atardecer

canción

- *Practica las mismas palabras **variando el estilo** de estos conceptos (formas, enlace y ángulo).*

Crear palabras

Para unir este tipo de letras y así crear palabras, debemos comprender cuáles son los trazos que enlazan cada una de ellas.

De esta forma, seremos capaces de crear nuestras propias reglas y **variar enlaces, tamaños y alturas de letras** y jugar todo lo que nuestra creatividad nos permita.

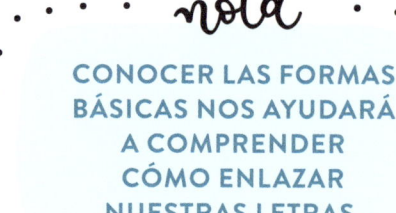

nota

CONOCER LAS FORMAS BÁSICAS NOS AYUDARÁ A COMPRENDER CÓMO ENLAZAR NUESTRAS LETRAS.

Esta palabra tiene 7 letras, pero la dibujaremos en 9 trazos.

De la misma forma que hemos visto en las letras de forma individual, **el truco consistirá en pensar en trazos sueltos y no en letras.** Es decir, levantaremos el rotulador / lápiz cuando hayamos terminado nuestro trazo de salida y lo uniremos al trazo de inicio de la siguiente letra.

- *Dibuja las siguientes palabras haciendo **pausas entre los trazos de salida y de entrada** de cada letra.*
- *Cuando tu palabra a lápiz quede perfecta, repasa las formas con rotulador calibrado.*

> Puedes practicar diferentes ángulos, enlaces y formas en cada palabra, manteniendo la coherencia en todo su conjunto.

1. marinero (13 trazos aprox.)

2. paloma (10 trazos aprox.)

3. silencio (9 trazos aprox.)

Contrastes

Una vez te sientas cómodo realizando este tipo de letra y la hayas practicado de forma individual y creando uniones, pasaremos al siguiente nivel: **añadir contraste**.

De la misma forma que en las letras *Serif* y *Sans-serif*, usaremos **la dirección de nuestros trazos** para saber en cuál incorporar grosor y dónde mantener el trazo fino.

LLAMAMOS A ESTA TÉCNICA "FALSA CALIGRAFÍA".

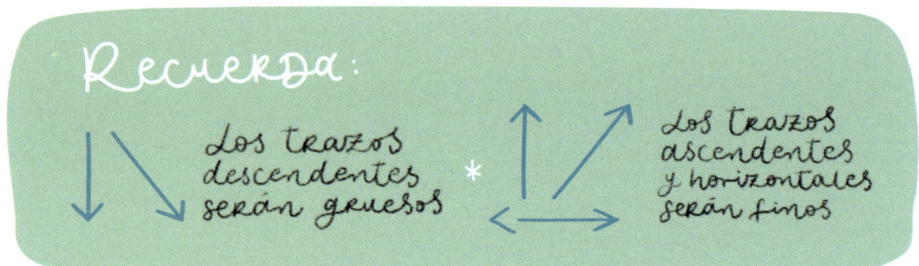

La forma de añadir grosor a este tipo de letras será creando **paralelas a partir de la base de nuestra letra, únicamente en aquellos trazos que sean descendentes**. Después, rellenaremos este espacio con el mismo rotulador (o con uno de mayor grosor).

Esta técnica la llamamos **"falsa caligrafía"**, ya que podríamos crear grosor automáticamente mediante herramientas como pluma, rotulador de pincel o pincel. Esta es una forma de conseguir el mismo efecto de forma sencilla, utilizando solo un lápiz o rotulador calibrado.

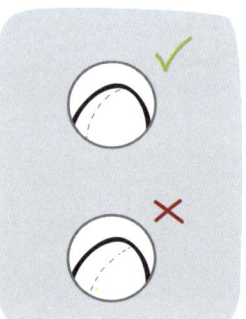

El Arte del Lettering

85

LETRA CALIGRÁFICA

El Arte del Lettering

87

LETRA CALIGRÁFICA

p p p

q q q

r r r

s s s

t t t

MINÚSCULAS

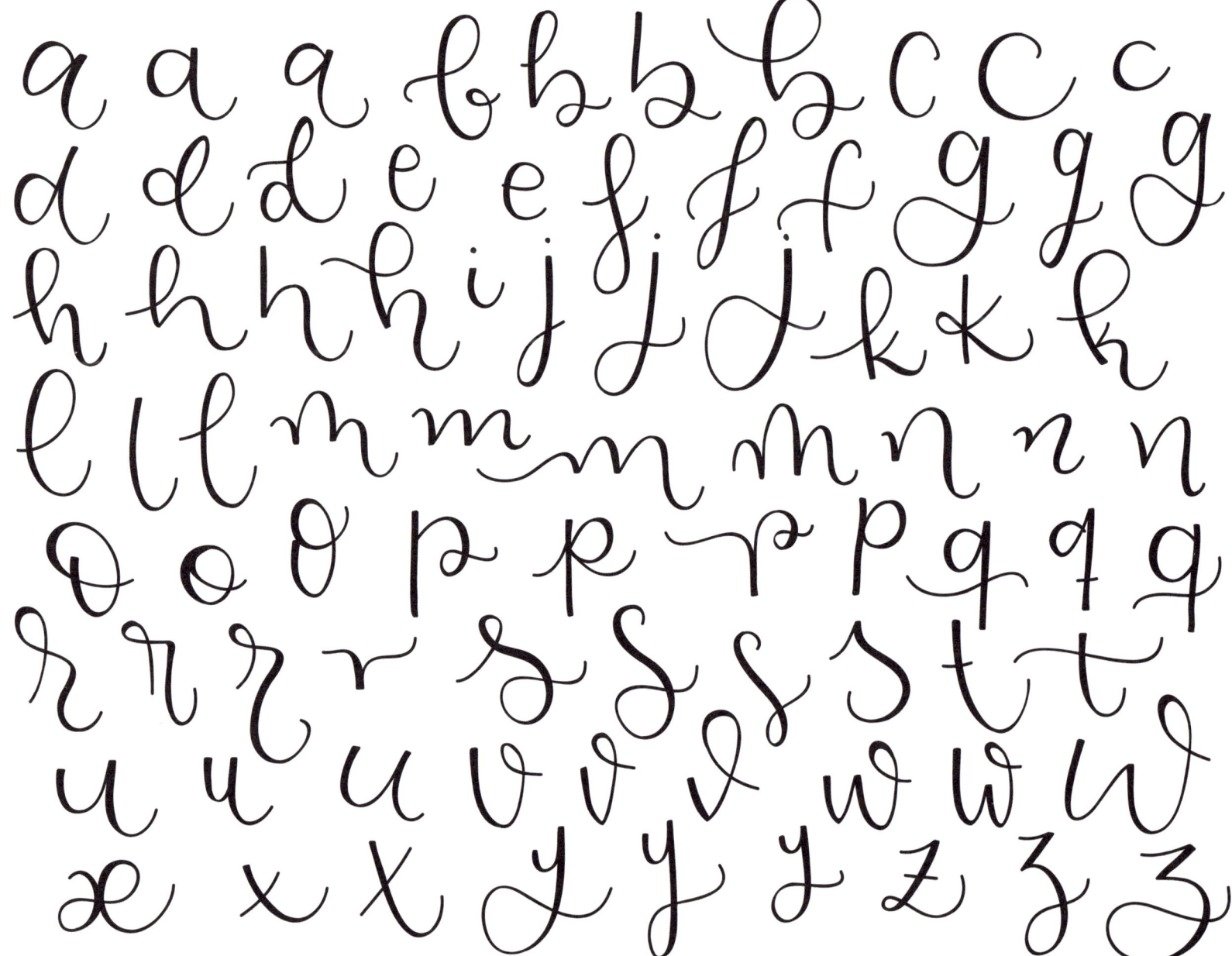

MAYÚSCULAS

> Puedes practicar las mayúsculas en la página 117.

El Arte del Lettering

Palabras con movimiento

Llegados a este punto, ya podemos comenzar a **introducir movimiento en nuestras letras y palabras.** Esta técnica nos permitirá convertir nuestro dibujo de letras en un *lettering* más expresivo y dinámico.

Para ello, nos ayudaremos de guías como referencia para poder crear diferentes alturas de letra y así conseguir este dinamismo.

No existe una teoría acerca de cuáles son los tamaños de letras y longitud de enlaces para poder crear palabras con movimiento. En este caso será cuestión de mucha práctica, de **probar con distintas opciones y combinaciones** (a lápiz) hasta encontrar las formas y los juegos que, en su conjunto, creen una **palabra visualmente interesante.**

Cuanto más pruebes, más naturales te saldrán ciertos juegos de formas a los que podrás recurrir siempre. Se trata de practicar para **encontrar tus trucos y tu propio estilo.**

> **nota**
> EL TRUCO CONSISTE EN PROBAR HASTA ENCONTRAR TU PROPIO ESTILO.

- **Dibuja una palabra** siguiendo estos 3 pasos, para convertirla en una **palabra con movimiento**.
- Utiliza la hoja punteada de la página 115 para realizar el ejercicio.

1

amanecer

- Dibuja la palabra manteniendo todas las letras en una **misma base** y con un **mismo tamaño**.
- Ayúdate de los puntos para crear formas coherentes.

2

amanecer   *amanecer*

↳ Altura donde hacer llegar algunas letras

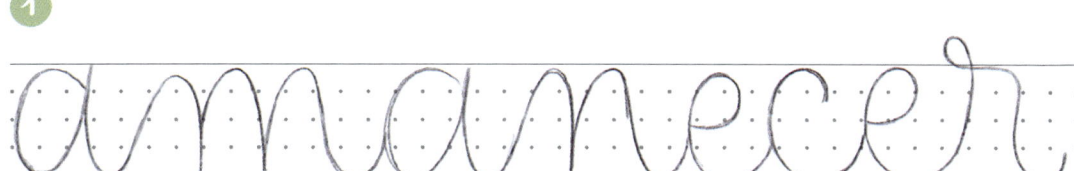

↳ Línea hasta donde forzar algunos enlaces y tamaños de letras

- Prueba **diferentes opciones y combinaciones** de tamaños de letras y bases para cada una de ellas.
- **Crea tus propias guías** donde hacer llegar las letras para jugar con los diferentes tamaños.
- Selecciona la opción que más te guste y define las formas de manera definitiva.

3

amanecer

- **Añade el contraste en los trazos descendentes**, y repasa con un rotulador calibrado.

florituras

Las florituras consisten en un **detalle ornamental** que podemos incluir para decorar nuestras letras. Las florituras convierten un diseño sencillo en una pieza más **artística y elegante**.

Las florituras pueden incluirse en diferentes trazos de las letras:

> **nota**
>
> DEBEREMOS AÑADIR FLORITURAS DE FORMA SUTIL, MANTENIENDO SIEMPRE LA LEGIBILIDAD DE LA PALABRA.

Trazos iniciales

Trazos finales

Letras ascendentes · Letras descendentes · Otros bucles

Estos detalles añadidos a las letras se realizan en forma de bucles con diferentes direcciones, tamaños y complejidad. Podemos ayudarnos de círculos de diversos tamaños para así crear florituras perfectas.

Además, si las letras donde las aplicamos tienen contraste, también deberemos añadir grosor a los trazos que se realicen de forma descendente, siempre con un grosor menor que el de las propias letras.

LETRA CALIGRÁFICA

- *Practica las siguientes **florituras**.*
- *Añade **contraste** en los trazos descendentes (a lápiz).*
- *Repasa con un rotulador calibrado.*

EL CONTRASTE QUE INCORPOREMOS A LA FLORITURA SIEMPRE DEBERÁ SER MENOR QUE EL DE LA LETRA A LA QUE ACOMPAÑA.

- **Añade florituras a las siguientes palabras,** *tal y como se indica en el ejemplo "galleta" y "crea".*
- *Puedes hacerlo al inicio o final de la palabra, en los trazos indicados en la página 94 y como complemento independiente de la propia palabra (como ves en el ejemplo "crea").*
- *Recuerda* **añadir contrastes,** *manteniendo coherencia con los grosores de cada palabra.*

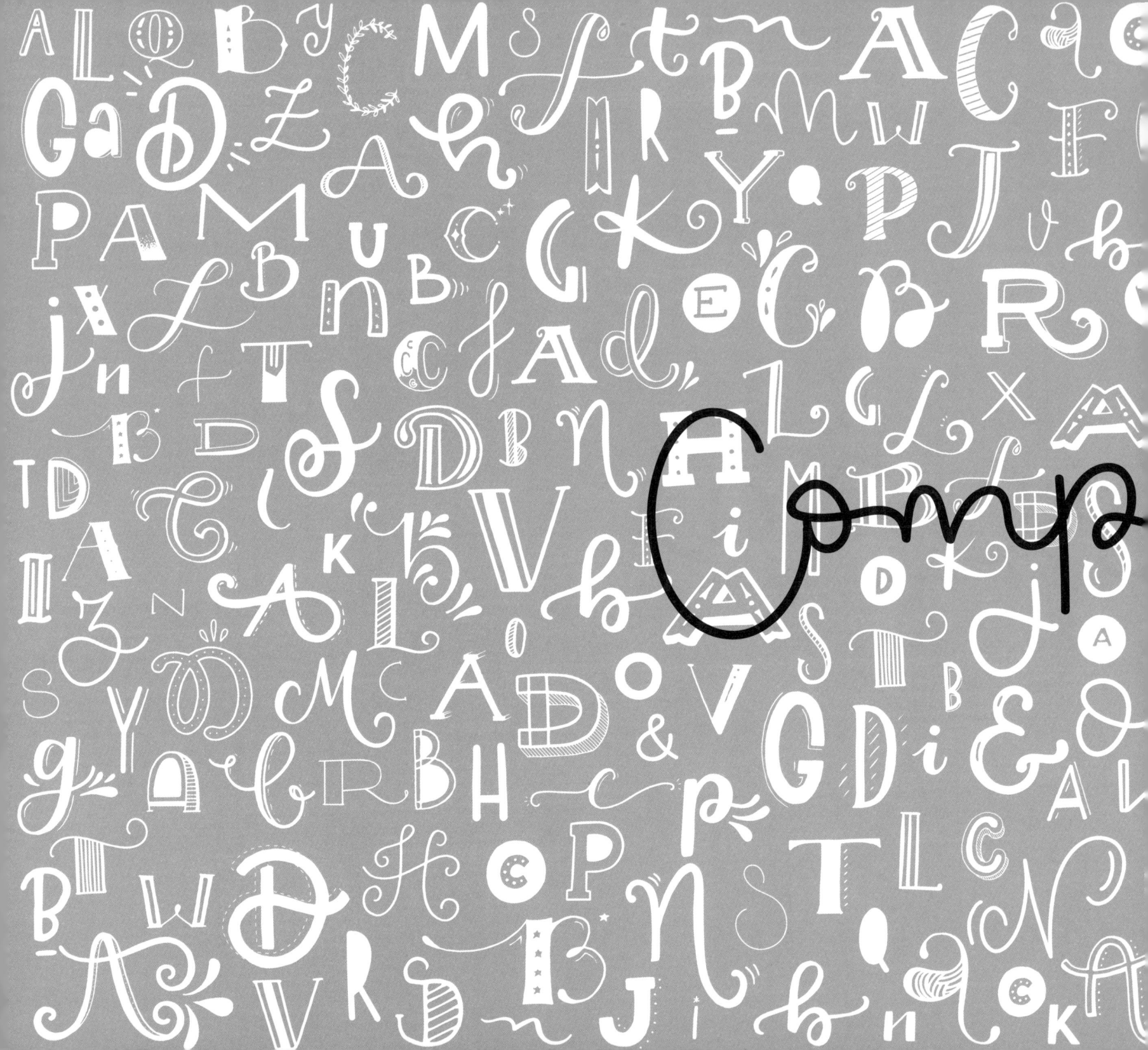

COMPOSICIÓN

Cómo crear una composición

Ahora que hemos comprendido y practicado los diferentes tipos de letra, es el momento de **unir estos estilos para crear composiciones de varias palabras.**

Enfrentarse a un folio en blanco es complicado. Probablemente no sabrías muy bien por dónde empezar, los tamaños de tus letras y palabras quedarían descompensados, y no resultaría una pieza equilibrada.

Por eso, en primer lugar resulta necesario **marcar ciertas guías y márgenes** para poder encajar nuestras letras, palabras y frases.

✻ **DEFINIR MÁRGENES**

✻ **AÑADIR GUÍAS VERTICALES Y HORIZONTALES**

✻ **DIVIDIR EL ESPACIO**

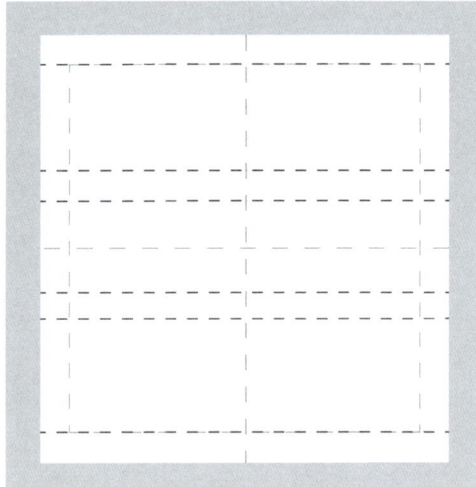

Definir los márgenes alrededor de nuestra pieza nos permitirá otorgar un aire equilibrado (espacio en blanco) a nuestro diseño.

Las guías verticales y horizontales nos ayudarán a centrar en un formato dado las palabras y composición total.

Por último, habrá que dividir el espacio en función de las palabras de nuestra composición.

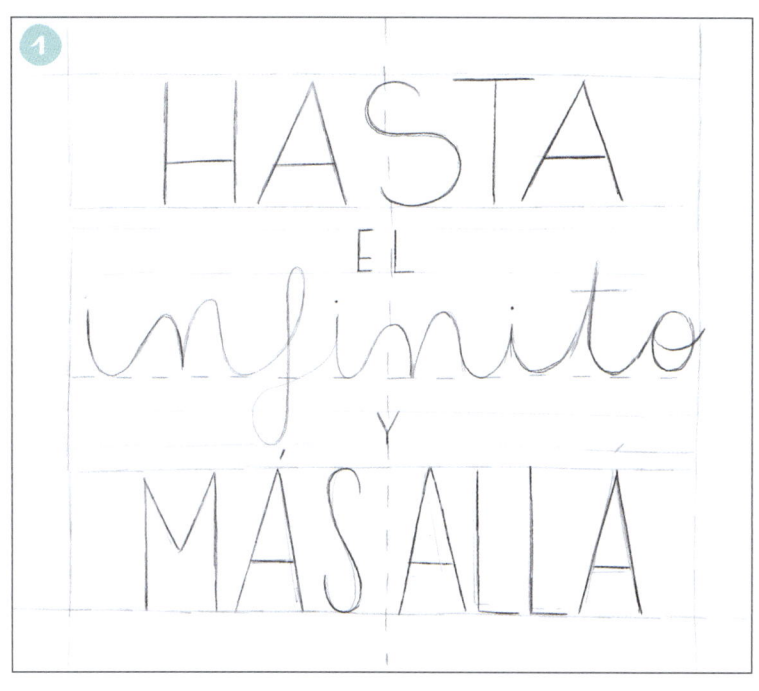

COMPOSICIÓN

Del boceto al diseño final

Como ya hemos comentado antes, **nuestro primer boceto nunca será el definitivo**. De ahí la necesidad de trabajar a lápiz y mediante capas, viendo **mejorar progresivamente nuestra pieza de** *lettering*.

De cada frase (cita, verso, expresión...) habrá **infinitas posibilidades de composición**: infinitas opciones de estilo de letra para cada palabra, diferentes opciones de tamaños, recursos decorativos, aplicación de serifas, etc.

Por eso, será necesario **probar diferentes versiones de una misma pieza**, para finalmente **trabajar en profundidad** la opción de composición elegida.

> **nota**
>
> TE RECOMIENDO PLANTEAR EL BOCETO EN UN TAMAÑO MÁS PEQUEÑO Y DESPUÉS TRABAJAR EL DETALLE EN UN FORMATO MÁS GRANDE.

OPCIÓN 1

OPCIÓN 2

OPCIÓN 3

Una vez seleccionada la opción de boceto previo preferida, será el momento de realizar el diseño final.

COMPOSICIÓN

Recursos decorativos

La inclusión de recursos decorativos en una pieza de *lettering* **es una opción muy personal** que dependerá del gusto de cada uno.

Podemos crear composiciones muy complejas y sin prácticamente espacios en blanco, o preferir un diseño más sencillo y delicado. Lo importante será probar y practicar con diferentes opciones, hasta encontrar las **formas y símbolos con los que te sientas a gusto.**

Estos recursos podemos aplicarlos tanto en las propias letras, como en el conjunto de la palabra, o utilizarlos para completar los blancos de una composición.

Aquí veremos algunas opciones de decoración de las infinitas que existen.

abc   ABC

ABC   abc

ABC

→ ABC ←

ABC   ABC

COMPOSICIÓN

BANDEROLAS

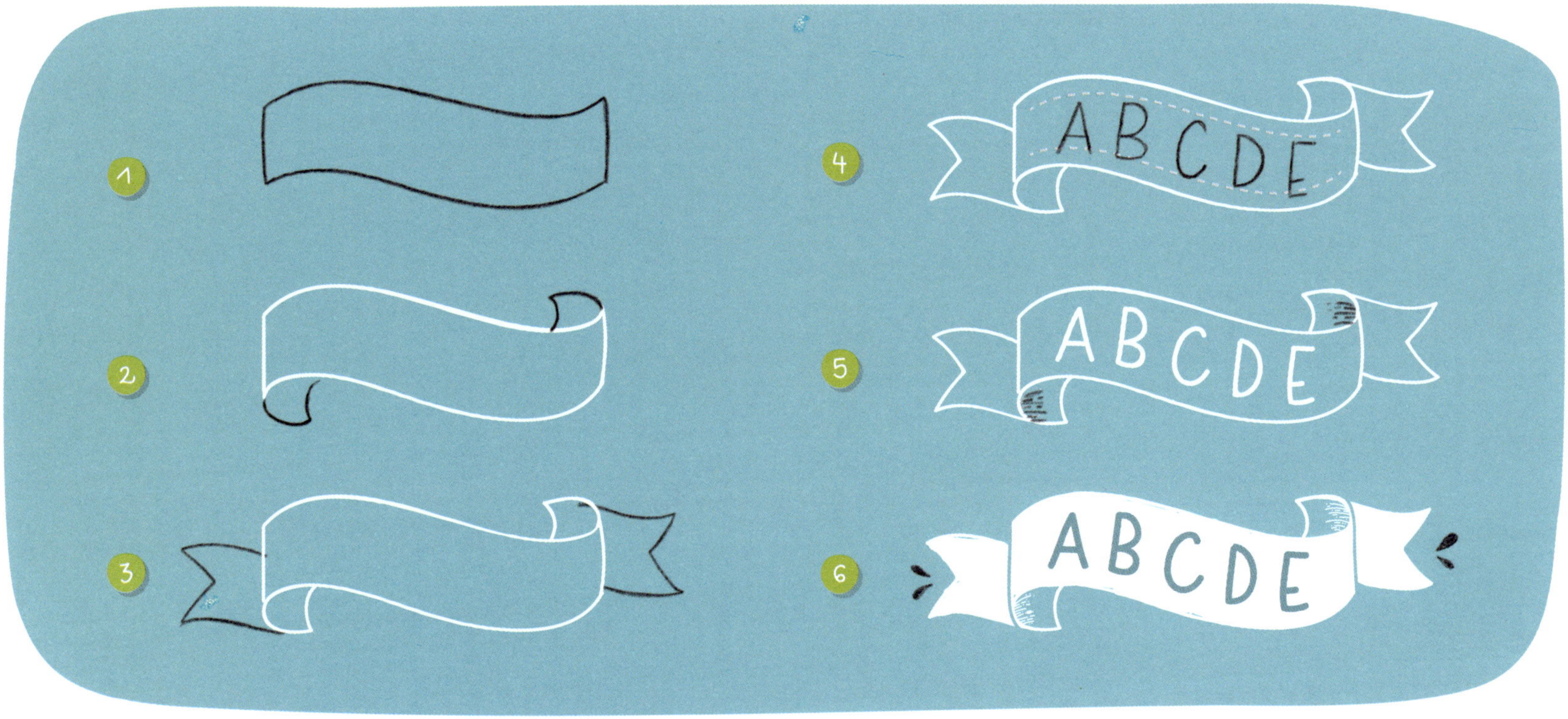

SOMBREADO

El sombreado consistirá en **repetir la silueta de la letra principal** en un plano superior o inferior a la misma. Podremos añadir perspectiva mediante un sombreado en masa (B), lineal (D), u otros elementos simples como puntos (C) o rayas (A).

COMPOSICIÓN

- **Prueba opciones de composición diferentes** para la frase *"Yo mataré monstruos por ti"* (© Santi Balmes).
- Ayúdate de las guías propuestas para encajar las palabras.
- Recuerda que esta fase es de **bocetado**, por lo que no debemos preocuparnos por la formas en detalle, sino realizar un primer acercamiento a varias opciones jugando con: tipos de letra (caligráfica, "Sans-serif" o "Serif"), formas, y tamaños de letras y palabras.
- Selecciona tu opción preferida, y **crea el diseño final** en la página derecha.

OPCIÓN 1

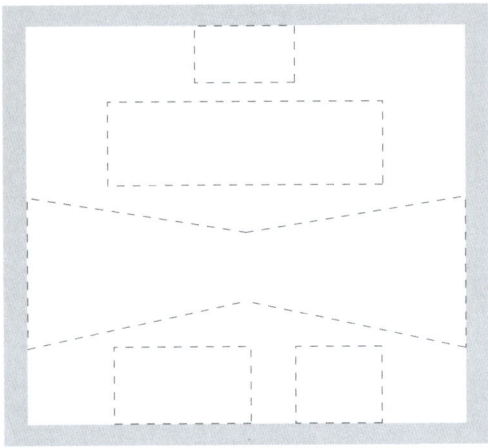

OPCIÓN 2

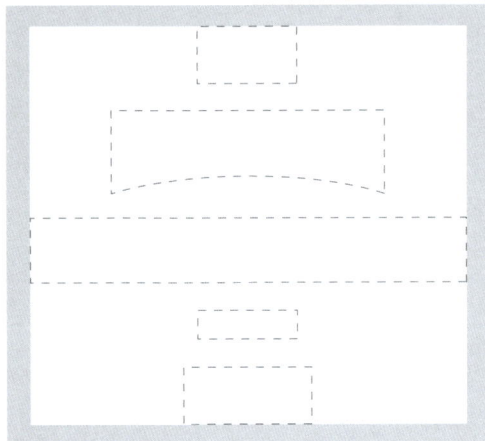

OPCIÓN 3

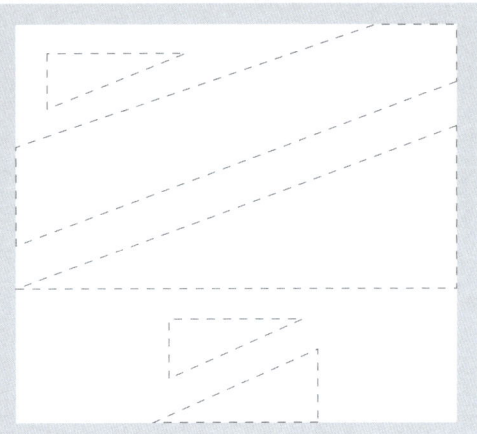

OPCIÓN 4

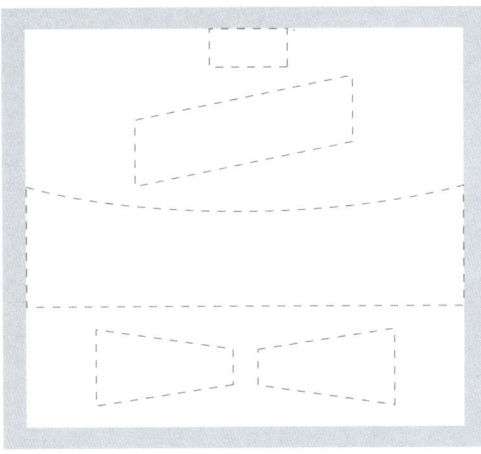

OPCIÓN 5

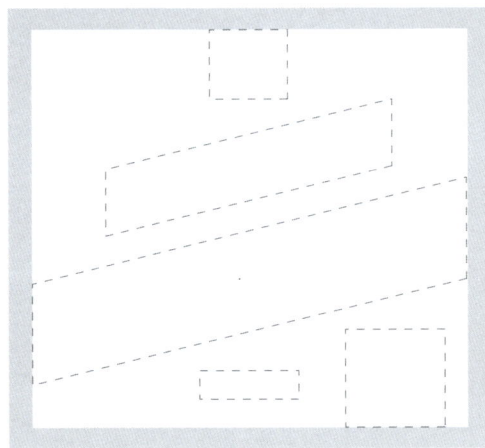

Realiza el mismo ejercicio con tus propias frases en las guías que encontrarás en la página 118.

COMPOSICIÓN

COMPOSICIÓN

Puedes fotocopiar estas guías las veces necesarias para practicar todos los ejercicios planteados.

* *Hoja punteada* 115
* *Plantilla para letra caligráfica (Minúsculas)* 116
* *Plantilla para letra caligráfica (Mayúsculas), "Serif" y "Sans-serif"* 117
* *Plantillas para composición* 118

También puedes descargar e imprimir las guías y plantillas directamente desde www.happyletters.es/imprimirplantillas.

MINÚSCULAS CALIGRÁFICAS

MAYÚSCULAS CALIGRÁFICAS / "SERIF" Y "SANS-SERIF"

COMPOSICIÓN